定期テスト対策 高校入試対策の基礎固めまで

改訂版

中学歴史

が面白いほどわかる本

教育・受験指導専門家

西村 創

＊この本には「赤色チェックシート」がついています。

はじめに

「歴史は暗記」、こう考えているうちは歴史分野を得意にすることはできません。なぜなら、**おぼえたものは「忘れる」**からです。

学校の定期試験や、塾の確認テストを乗り切ることが目的であれば、暗記も効果的です。でも、テストが終わると、「おぼえたことをすっかり忘れてしまった」という経験があると思います。せっかくがんばって勉強したのなら、それが入試にも通用するものにしたいですよね。

実力テストや模擬試験、入試は出題範囲が広く、学校の定期試験前のような**暗記型の勉強は、もっとも非効率な勉強法**になってしまいます。暗記は最終手段、それくらいに考えておいたほうがいいでしょう。では、どうすればいいのか？

それは、**歴史の〝流れ〟と〝つながり〟を知って「理解」**することです。

こう言うと、「それが難しいんだよ！」という声が聞こえてきそうですね。でも、安心してください。大丈夫です！

この参考書はそんなキミのためにつくりました。本書は、実際の授業のようにわかりやすく説明しています。読むだけで、歴史の〝流れ〟と〝つながり〟を知って「理解」できるように工夫しています。

また、関連のあることを、昔にさかのぼってできるだけ多く紹介しています。〝つながり〟を知ると同時に、復習しながら読み進めることができるようになっているわけです。

ぜひ、難しいことは考えず、とにかくこの本をまず1回、最初から通して読んでみてください。そう、**ただ読むだけ**です。内容をおぼえようとしないでＯＫです。定期試験や確認テストの勉強のためにこの本を手に取った人は、出題範囲の少し前の時代から読むようにしてみてください。

さて、とりあえず読み終えたときは、歴史の流れがなんとなく頭に入ったような、入っていないような感覚にすぎないはずです。それでいいんです。

そして、あまり間をあけず、もう一度読んでみてください。2回目を読み終えると、1回目とは違って、歴史の流れが急に頭に入ってくるようになります。

歴史は物語です。ひとつの時代だけを細切れに勉強しても頭に入りません。それよりも通読して、物語の流れを味わうことです。それが、さまざまな個別のできごとを理解する土台になります。

ところで、好きな曲って、最初から最後まで口ずさむことができますよね。その曲は、最初の30秒を聞いて、また最初に戻して聞きなおし、区切った次の30秒を聞いて……というようにしておぼえたわけではないはずです。最初から最後までくり返し聞いているうちに、自然とメロディが頭に入っているわけです。歴史も同じです。通して読むことで、全体の流れが頭に入ります。というわけで、3回目、ぜひ読んでみてください(笑)。

3回目はスピードを緩めて読むといいでしょう。読みながら、できごとを頭のなかで映像化すると、脳内での印象がより強く残ります。左脳だけでなく、右脳も使うわけですね。本章で紹介しているイラストや図表にも目を向けてみてください。

歴史上の人物を身近な友人、知人の顔と関連づけながら読み進めるのもおすすめです。クラスには藤原道長のように偉そうに威張っている人や、北条政子のようなリーダーシップを発揮している女子がひとりはいるのではないでしょうか(笑)。

また、重要な西暦は暗記の代表格ですが、これも暗記するよりも、前後関係を理解することで、長い間記憶にとどまります。一応、「ゴロあわせ」は紹介しています。ただ、テストや入試には年を答えさせる問題はめったに出ません。だから呪文のような意味のないゴロあわせではなく、ゴロあわせのフレーズ自体が、そのできごとのポイントを同時にあらわすようにしています。

入試によく出題されるのは、できごとについての説明が書かれているいくつかの文章を、歴史の古い順に並べかえるというような問題です。また、図表をもとに説明させる記述問題も、最近増えています。

したがって、西暦を暗記するよりも、事件前後のできごとや、その事件の時代のなかでの位置づけを理解するほうが得点アップにつながります。**暗記したことは忘れてしまえばそれまでですが、一度理解したことは、試験問題を目の前にしたその場で考えて、答えを出せます。**

そしてなにより、知らないことを知り、わからなかったことがわかるのは楽しいものです。ぜひ、楽しみながら読み進めてください！

西村　創

改訂版
中学歴史が面白いほどわかる本

もくじ

第2部 中世の日本

第6章 鎌倉時代

第7章 南北朝～室町時代

第3部 近世の日本

第8章 ヨーロッパ諸国の世界進出

第9章 安土桃山時代

第10章 江戸時代

第4部　近代の日本と世界

第11章　明治時代

第12章 大正時代～昭和戦前

第5部 現代の日本と世界

第13章 昭和戦後～令和

本文イラスト（顔アイコン）：けーしん
本文イラスト：岡田真一
本文デザイン：田中真琴（タナカデザイン）
校正：マイプラン、鷗来堂
組版：ニッタプリントサービス

本書の使い方

この本は「中学歴史」の内容をわかりやすく、物語を読むように楽しく学習できるよう構成されています。

まず、章の冒頭で、ここでどんな内容を勉強するのかを説明しています。そのあと、「**フローチャート**」や「**時代の流れをおぼえるフレーズ**」のコーナーで、ざっくりとした流れをつかみます。ここからどんな歴史の物語に触れるのかを、大きくつかみましょう。

⬇

各テーマの解説を読んで、理解を深めましょう。解説は、まるで先生の授業を聞いているような文章なので、わかりやすく、物語を読んでいるかのような楽しさで、頭に入ってきます。

⬇

各テーマの終わりには、「**ポイント整理**」のコーナーがあります。ここで、これまでの内容について、いちど整理してみるとよいでしょう。
大事なできごとや語句は赤字になっているので、本書についている赤シートでかくして、おぼえているかどうかをチェックすることもできます。

⬇

「**ゴロあわせ**」や「**知っていますか？**」「**少しくわしく**」など、本文の解説のほかに、ひと息つけるコーナーが満載です。
重要語句や年号の暗記が苦手な人は「**ゴロあわせ**」が強い味方になるでしょう。
「**知っていますか？**」では、まぎらわしい用語、似たようなできごとがしっかり区別できるように、わかりやすく解説しています。また、みなさんが勘違いしやすいできごとについてもアドバイスしています。
「**少しくわしく**」では、やや発展的な内容を掲載しています。この本を読んでいるみなさんは、歴史についての興味がどんどん湧いてきているところだと思います。ですから「**少しくわしく**」の内容は理解を助け、さらに好奇心をかきたてることでしょう。

⬇

「丸暗記ではなく、楽しみながら」の勉強で
歴史の点数がぐんぐんUP !!

第1部

古代までの日本

第1章

先史時代～古代文明

第2章

縄文・弥生・古墳時代

第3章

大和・飛鳥時代

第4章

奈良時代

第5章

平安時代

第1章

先史時代～古代文明

「歴史」とはなにか？ それは「過去の文書記録からわかったできごと」のことだ。日本の記録は約2000年前ごろから残されているから、日本の歴史は約2000年間のできごとということになる。

では、記録が残されている以前のことは「歴史」とは呼ばない？

じつはそのとおりで、歴史が始まるよりも前の時期は「先史時代(せんしじだい)」などと呼ばれる。文書がないのにどうして事実がわかるのかというと、遺跡の調査結果から明らかにされているからだ。今でもときどき新事実が発見されて、ニュースになっているよね。

さあ、それでは日本列島ができるよりもはるか昔、人類が誕生するところから見ていこう。長い物語の幕開けだ。

フローチャート 先史時代の区分

● 旧石器時代

- 打製石器(だせいせっき)を使用
- 狩りと採集をしながら移動する生活

▼

● 新石器時代

- 土器や磨製(ませい)石器を使用
- 農耕や牧畜(ぼくちく)が始まり、定住するようになる

打製石器＝旧石器時代 ➡ 磨製石器＝新石器時代
縄文(じょうもん)土器＝縄文時代 ➡ 弥生(やよい)土器＝弥生時代

打製石器は旧石器時代、磨製石器は新石器時代から使われるよ。縄文時代と弥生時代は、時代の名前がそのまま土器の名前になっているからわかりやすいよね。

テーマ1 人類の誕生と文明のおこり

人類の誕生

今から約700万年前、最古の人類である**猿人**（えんじん）がアフリカに誕生する。後ろ足で立って歩くことで、自由になった前足（手）で棒や石をつかんで道具として使い始めるんだ。立つことで脳が支えられやすくなって、脳の大きさアップと同時に知能が発達していくよ。イラストを見ると「猿人」の名前のとおり、サルと人間の中間というイメージでしょ。

約200万年前には**原人**（げんじん）が出現。火や言葉を使えるようになり、だいぶ現在の人間に近づく。約20万年前には**新人**（しんじん）が出現する。20万年も前なのに「新人」というとおかしな感じがするかもしれないね(笑)。この新人はホモ・サピエンスといい、現在の人類の直接の祖先にあたるよ。

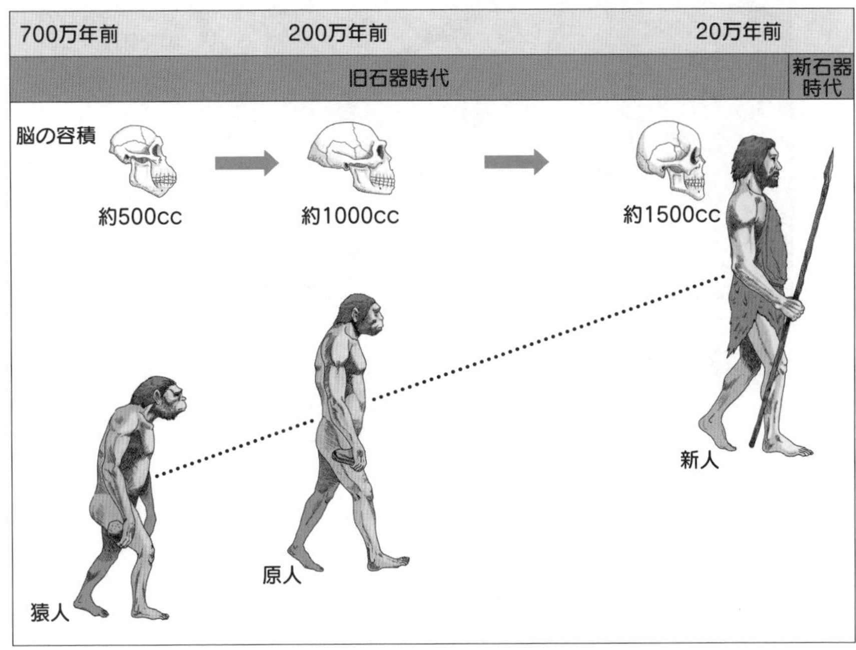

[人類の変化（イメージ）と脳の容積の変化]

旧石器時代から新石器時代へ

さっき紹介した原人は、石を打ち欠いて鋭い刃をつくり出した**打製石器**を使うのが特徴だ。打製石器はふつうの石とほとんど見わけがつかないくらい「ダセェ石器」だ。

原人はこの石器を棒の先に付けて大型動物を狩ったり、木の実を採集したりしながら、移動して生活していたんだ。この時代は1万年ほど前まで続いて、**旧石器時代**と呼ばれているよ。

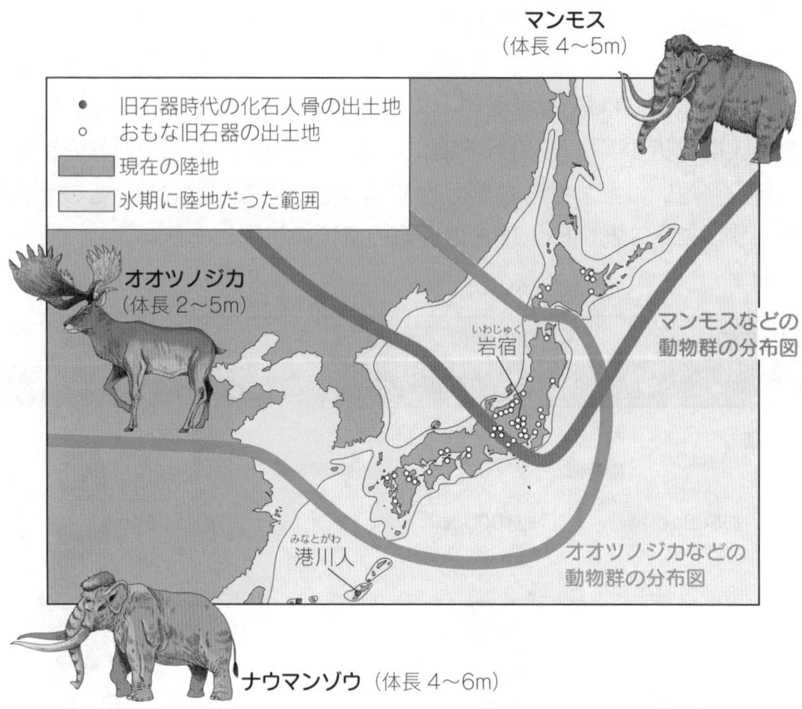

[旧石器時代の日本列島]

今から100万年くらい前、地球は氷河時代と呼ばれる、陸地の3分の1が氷に覆われる時期と、温暖な時期が何回かくり返される。

その後、気温が上昇して、環境が大きく変化する。

まず、地球の氷河が解けて海面が上がり、大陸と陸続きだった日本列島が海で切り離される。

気温が上がって植物もよく育つようになる。食べられる木の実も増えるよ。

道具も変化する。小動物や動きの速い動物を狩るため、弓矢が発明される。また、石器は表面を磨くことで打製石器よりも鋭さを増した**磨製石器**に進化！　土器も使われるようになるよ。大陸から稲や麦などが伝わると、炊いて食べることができるようになるんだ。穀物の栽培が始まったり、牛や羊などの家畜を飼うようになったりと、人びとの生活が大きく変わったこの時代は**新石器時代**と呼ばれているよ。

人類の誕生と文明のおこりのポイント

- 約700万年前、最古の人類である**猿人**がアフリカに誕生
- 約20万年前に人類の祖先にあたる**新人**（ホモ・サピエンス）が出現
- **打製石器**を使う**旧石器時代**から、**磨製石器**を使う**新石器時代**へ

テーマ2 文明のおこりと発展

文明のおこりと発展

さて、農耕や牧畜が発達すると、文明が生まれる。その流れを順番に説明するね。

毎年定期的に川の水があふれると、上流から運ばれた肥えた土が周辺に広がっていく。そうすると農作物が育ちやすくなり、農耕が発達する。農耕が発達すると食料を計画的に生産できるようになるね。季節にあわせてさらに収穫を増やすための研究が、文明を生み出していくんだ。

作物の収穫が増えると、それをたくわえられるようになり、食料をめぐる争いが増えていく。

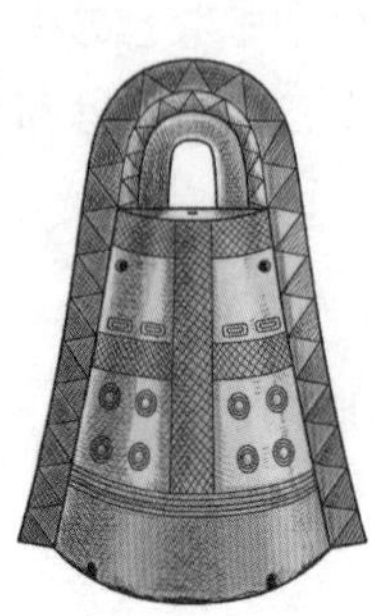

[青銅器]

争いによって強い集団が弱い集団を従えるようになると、支配する者（王や貴族）と、支配される者（農民や奴隷）というように、身分の区別が生まれる。支配する者は神殿や宮殿のある都市をつくらせて住むようになっていくんだ。戦争や祭りでは青銅器や鉄器が使われ、各地で独自の文字も発明されているよ。代表的な4つの文明を紹介していこう。**どの文明も川のほとりから生まれている**という共通点があるよ。

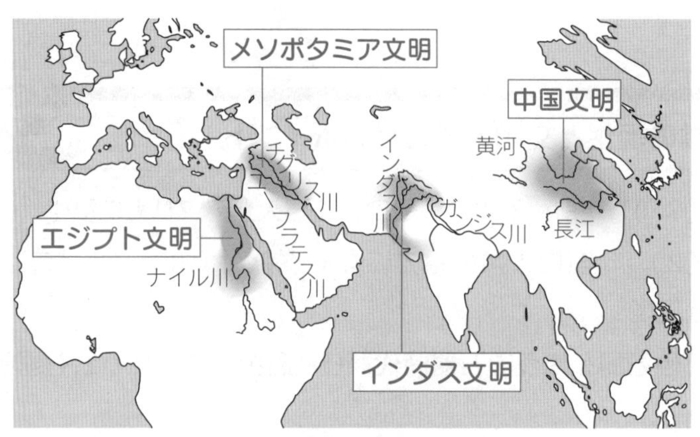

[世界各地で生まれた文明]

エジプト文明

ではまず、ピラミッドで有名な文明といったら？　そう、**エジプト文明**だ。紀元前3000年ごろ、ナイル川のほとりで国が生まれる。

その国王は神とあがめられ、強大な権力で人びとを支配する。ピラミッドはまさにその象徴だね。天文学が発達し、太陽暦や象形文字（ヒエログリフ）が発明されるよ。

[ピラミッドとスフィンクス]

クフ王のピラミッドは高さ146m、底辺230m、平均2.5tの石を約230万個使って築かれている。

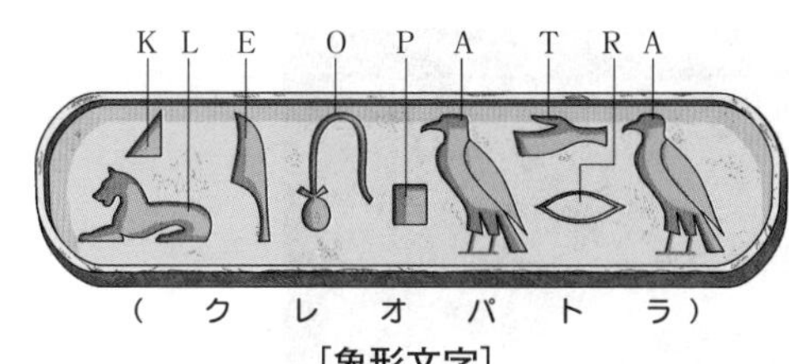

[象形文字]

メソポタミア文明

次に、現在のイラクの南北を縦断するチグリス川、ユーフラテス川流域で栄える**メソポタミア文明**。エジプト文明と同じ紀元前3000年ごろに誕生する文明だ。月の満ち欠けをもとにしたカレンダーである太陰暦やくさび形文字が発明される。くさびというのはかたい木や金属でつくられたV字形や三角形の工具のことだよ。

[ハンムラビ法典の碑とくさび形文字]

ハンムラビ法典は厳しい復しゅうの決まりがくさび形文字で刻まれている。

少しくわしく　太陽暦と太陰暦はどう違う？

太陽暦は「太陽を基準」とした暦で、地球が太陽を周回する日数を換算しています。太陰暦は「月を基準」とし、月の満ち欠けを換算しているといった違いがあります。

インダス文明

3つめは、紀元前2500年ごろにインダス川流域でおこる**インダス文明**。「インダス」の名前から、現在のどの国のあたりか連想できるかな？　正解はインド、パキスタン、アフガニスタン。「インド」は「インダス」と響きが似ているね(笑)。排水施設がある計画都市、モヘンジョ・ダロが有名だよ。インダス文字が発明されている。

[インダス文字や動物が刻まれた印章]
粘土に押して使われたと考えられている

[モヘンジョ・ダロの遺跡]
（現在のパキスタン）
インダス文明最大級の都市遺跡。計画的に建設され、道路や下水道などの公共施設も整備されていた。最大で4万人近くが居住していたといわれる。

中国文明

4つめは**中国文明**。紀元前16世紀ごろに黄河流域で文明が生まれる。現在確認されているのが殷（商）という中国最古の王朝だ。

完成度の高い青銅器や、漢字のもとになる甲骨文字を使う。その殷は次の王朝、周によってほろぼされる。そして周の支配力が弱くなると、各地で戦争が続くようになった。そこで武器が鉄製にパワーアップ！　ついでに農具も鉄製になっていくよ。孔子の思想、**儒学**（**儒教**）が生まれたのもこの時期だ。このころを春秋・戦国時代というよ。

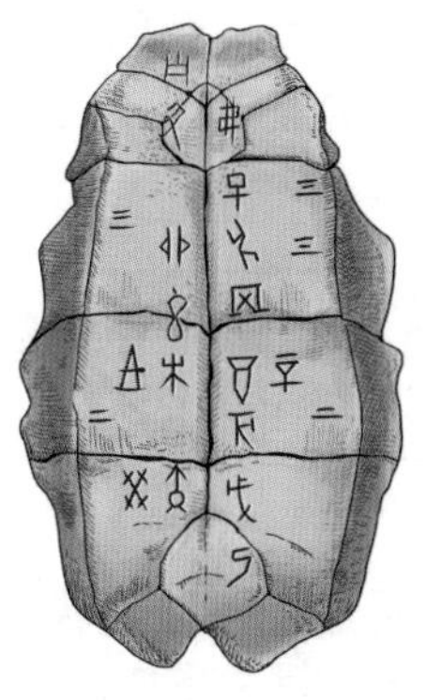

［甲骨文字］

亀の甲などに刻まれた文字。漢字のもとになっている。

紀元前3世紀には**秦**の**始皇帝**が中国を統一して大帝国をつくる。彼が北方民族の侵入を防ぐために整えた万里の長城や、始皇帝陵である兵馬俑坑は、今では人気の観光スポットになっているよ。始皇帝が亡くなると秦はすぐにほろび、**漢**という王朝に変わる。漢の支配は朝鮮半島北部のほかに中央アジアまで広げられ、交易が活発になる。中国から西方にはおもに絹織物が運ばれたので、その交易の道が「**シルクロード**（絹の道）」と呼ばれるようになったのは有名だよ。西方から中国へは馬やぶどうのほか、インドで生まれた仏教が伝わる。

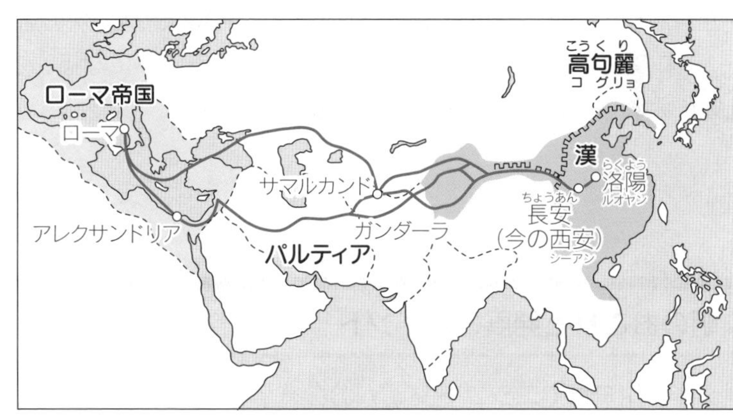

［シルクロード］

では、ここまで紹介した中国の歴代王朝と、その後に続く王朝も先に名前だけ知っておこう。今後勉強する日本の歴史と、とても深くかかわってくるからね。

中国の歴代王朝

殷 ➡ 周 ➡（春秋・戦国時代）➡ 秦 ➡ 漢 ➡ 三国 ➡ 晋 ➡ 南北朝 ➡ 隋 ➡
唐 ➡ 五代（十国）➡ 宋 ➡ 元 ➡ 明 ➡ 清 ➡ 中華民国 ➡ 中華人民共和国

おぼえやすいように単純化したけれど、大ざっぱな歴史の流れをつかむにはこれでじゅうぶんだ。え、それでもおぼえられないって？　それならこれを「もしもしカメよ～カメさんよ♪」の節で歌うとバッチリおぼえられるよ。はい、では実際に歌ってみよう！（笑）

♪

殷（もし）➡ 周（もし）➡ 秦（カメ）➡ 漢（よ～）➡ 三国（カメさん）➡ 晋（よ～）
南北朝（世界の）➡ 隋（うちで）➡ 唐（おまえ）➡ 五代（ほど～）
宋（あゆみ）➡ 元（の）➡ 明（のろ）➡ 清（い～）➡ 中華民国（ものはない～）
中華人民共和国（どうして　そんなに　のろいのか）

♪

歌ってみた？　5回も歌えばおぼえられるかな。これでこの先勉強する遣隋使や遣唐使、元寇、日清戦争などのときに、「ああ、隋の次の唐だな」「元は……宋の次か」というように、大まかにわかるようになる。これが歴史を頭に入れるうえでとても役に立つんだ。

文明のおこりと発展のポイント

- ナイル川流域で**エジプト文明**がおこる
- チグリス川、ユーフラテス川流域で**メソポタミア文明**がおこる
- インダス川流域で**インダス文明**がおこる
- 黄河流域で**中国文明**がおこる

第2章

縄文・弥生・古墳時代

それではいよいよ、物語の舞台は日本に移るよ。縄文時代(じょうもんじだい)から古墳(こふん)時代まで、日本の原始時代を見ていこう。すべての章を通じて、人びとの生活の変化がいちばん大きい時代区分だよ。縄文時代の数十人程度のグループの生活から、古墳時代には大和政権(やまとせいけん)という一大勢力が生まれ、日本という「国」の原型に近いところまで発展する。すごい変わりようだ。

フローチャート 原始時代の区分

- 縄文時代
  - 縄文土器が使われる
  - たて穴住居(あなじゅうきょ)に住む
- 弥生(やよい)時代
  - 弥生土器や青銅器(せいどうき)、鉄器(てっき)が使われる
  - 稲作(いなさく)が広まり、水田の近くに定住する
- 古墳時代
  - 3世紀後半、大和政権が生まれる
  - 王や豪族(ごうぞく)の墓である古墳が全国各地につくられる

時代の流れをおぼえるフレーズ

縄文土器＝縄文時代
弥生土器＝弥生時代
古墳＝古墳時代

つくられたものがそのまま時代の名前になっているので、シンプルでおぼえやすいね！

テーマ

3 縄文時代と弥生時代

縄文時代

今から約1万2000年前、地球の気温が上がって氷河が解ける。その結果、海面が上昇して、それまで大陸と地続きだった日本列島が、海に囲まれる島国として誕生するわけだね。

その日本列島の人びとのことを、「道具」「食べ物」「生活」という3つの点から見ていこう。

まず、使われていた道具は磨製石器や、動物の骨や角からつくられた骨角器が中心だ。そして土をこねて土器がつくられるようになる。それまでは狩った獲物は焼くぐらいしかできなかったのが、煮ることができるようになる。煮物やスープを味わえるようになるわけだ。これは画期的だよね。

[縄文土器]

土器は厚手で黒褐色（こげ茶色に近い）、表面に縄目のような文様が付けられることが多かった。「縄」目のような「文」様だから**縄文土器**と名づけられ、そのままこの時代を**縄文時代**と呼ぶようになった。

食べ物は動物や木の実、魚や貝などで、狩りと採集が中心だよ。日本列島と大陸が海でへだてられたので、ナウマンゾウやオオツノジカなどの大型動物は、日本列島には来られなくなってしまった。代わりにイノシシやシカなど、すばしっこい動物を弓矢で狩って食べるようになるんだ。じつは一部の地域では、すでに農耕や牧畜も始まっていたんだけれど、ほかに食べるものが豊富にあったので、この時点ではあまり発達しない。

ところで、このころ食べられていたものがどうしてわかるのか？　それは、ゴミ捨て場の跡からだ。当時、食べ物の残りかすをまとめて捨てた場所を**貝塚**と呼ぶよ。

[貝塚]
日本で最初に発見されたのは東京の大森貝塚。アメリカ人のモースによって発見されている。

[たて穴住居]

最後に生活面。縄文人はたて穴住居に集団で住んだ。大人になる儀式として歯を抜く抜歯や、死者がゾンビになって襲ってこないように（！）という祈りをこめて、体を折り曲げてほうむる屈葬などがおこなわれていた。魔よけとしてや、食べ物がたくさん手に入りますようにと祈るために土でつくった人形、土偶なども縄文時代の特徴だ。

[土偶]

弥生時代

紀元前4世紀ごろ、中国大陸や朝鮮半島から米づくり、すなわち**稲作**が九州北部に伝わって東日本まで広がっていくよ。これは土器の発明以上に、すごく画期的なことなんだ。

それまでの狩猟や採集では、日によってとれるときと、とれないときの差が大きいよね。また、同じ場所でとり続けると、だんだんとれなくなってくるから、場所も変えないといけない。これが稲作になると、ある程度安定した収穫が毎年見こめるわけだ。生きていくうえで欠かせない食料を安定して得られるようになり、しかも米は保存もしやすい。稲作は、人びとの生活を大きく変えるきっかけになるわけだ。

収穫した米は、低いところに保存しておくとねずみに食べられてしまう。そこで、**高床倉庫**や**穴蔵**がつくられて、そこに保管されるようになるよ。

［高床倉庫］

また、大陸からは青銅器や鉄器などの**金属器**も伝わる。まだ日本という国ができる前から海外との貿易が始まっていたわけだから、考えてみるとすごいことだよね。

［弥生土器］

長い間使われてきた縄文土器は、より高温で焼かれるようになって赤褐色（赤茶色）になり、うすくてかたい**弥生土器**に進化！弥生土器がつくられたからこの時代を**弥生時代**と呼ぶよ。ちなみに弥生土器は東京都文京区弥生で発見されたから、その地名をとって「弥生」と名づけられた。

稲作中心の生活になると、共同でおこなう農作業を指示するリーダーが生まれ、身分の差が出てくる。また、豊作や不作を占う宗教的な指導者なんかも出てくるよ。そうして「むら」の規模がだんだん大きくなっていく。「むら」は、収穫物を争って戦いを起こすようになり、戦いに勝った「むら」のなかには、王が支配する小さな「くに」へと発展するところも出てくる。そしてさらに、小さな「くに」どうしの戦争になり、各地にいくつもの「くに」があらわれるようになるんだ。

「むら」や「くに」では、保管した米を守るために、自分たちの住む場所を小さな堀のような「壕」（読み方はいっしょだけど漢字が違うよ）や柵で囲うような工夫もされるようになる。

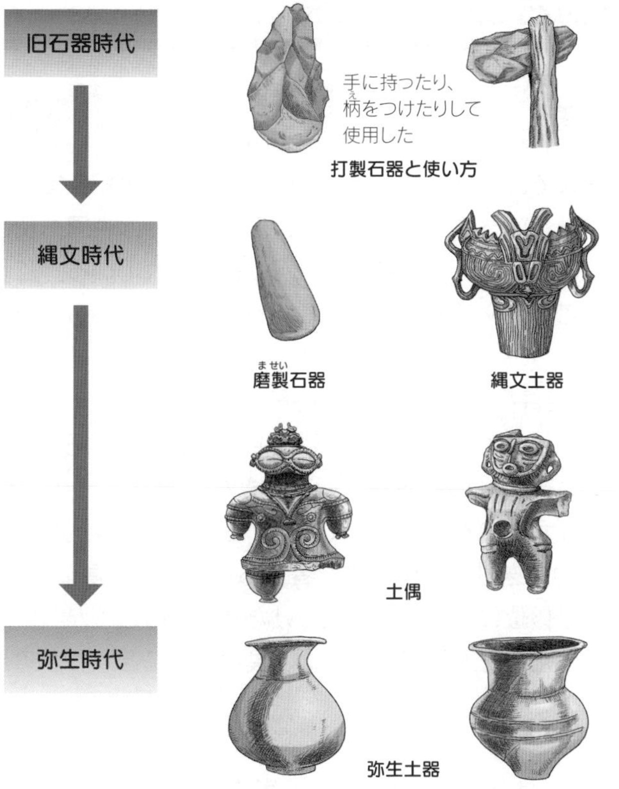

旧石器時代

↓

手に持ったり、柄をつけたりして使用した

打製石器と使い方

縄文時代

磨製石器

縄文土器

↓

土偶

弥生時代

弥生土器

［石器と土器、土偶の移り変わり］

縄文時代と弥生時代のポイント

- 縄文時代は**縄文土器**や**磨製石器**が使われ、狩りと採集中心の生活
- 弥生時代は**弥生土器**や**金属器**が使われ、**稲作**が広がり、「くに」ができる

テーマ

4 邪馬台国と古墳時代

邪馬台国

中国の歴史書である『漢書』地理志に、「紀元前1世紀ごろ、倭と呼ばれていた日本には100あまりの国があり、そのなかには中国へ使いを送る国もあった」と、日本のことがちょっとだけ紹介されている。これが今のところ、日本のことが文字で記録されているいちばん古いものだ。

そして、『後漢書』東夷伝には、「紀元57年に、倭（日本）の奴国の王が後漢に使いを送り、皇帝が金印を授けた」ということが記されているよ。金印というのはその名のとおり、金でできたハンコだ。「漢委奴国王」と彫られていて、「かんのわのなのこくおう」と読むという説が有力だ。奴国は後漢に貢ぎ物を送り、奴国の支配者であることを後漢に認めてもらい、ほかのくにより優位に立とうとしたわけだね。このころから中国の歴史書に日本のことがだんだん登場しはじめ、具体的なことがわかるようになってくるんだ。

さらに3世紀には『魏志』倭人伝で、**卑弥呼**で有名な**邪馬台国**が登場する。「女王、卑弥呼が30あまりの国ぐにを従える邪馬台国を支配して、魏と交流した」ということ、魏の皇帝が卑弥呼に「親魏倭王」の称号と金印、銅鏡100枚を送ったことが記録に残されているよ。

少し くわしく

邪馬台国はどこにあった？

邪馬台国の場所は、「九州の北部」にあったという説と、「大和地方（奈良県）」にあったとする説があって、議論が続いています。

銅鏡 100 枚に金印 1 個か……。
金印は金でできているから価値が高そうですね？

金印は物そのものの価値というよりも、「私は中国の皇帝から王としての地位を認められているのだ」ということを示せるという価値があるんだよ。

このころの中国はアジアのどの国よりも強大で、その皇帝のうしろだてがあるということで、国内を治めやすくする効果があるわけだ。

[「漢委奴国王」印]

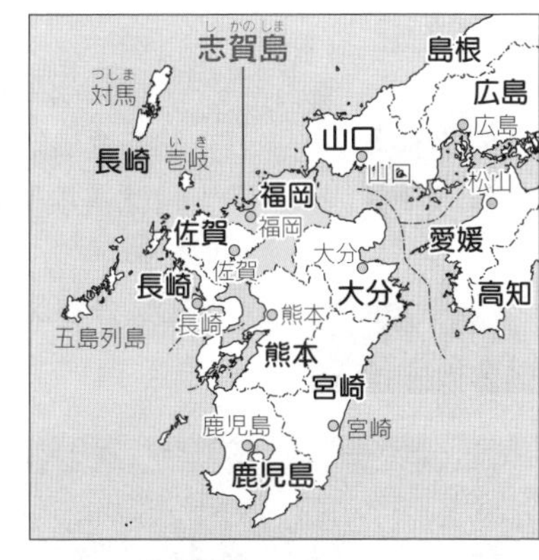

[志賀島の位置]
「漢委奴国王」印は、福岡県の志賀島から出土した。

古墳時代

さあ、いよいよ日本の原始時代のラスト、古墳時代だ。

3世紀後半になると**大和政権**という、王を中心とした強力な勢力が奈良にあらわれるんだ。

大和政権の特徴は、ずばり**古墳**。**古墳とは、王や地方の有力者である豪族をほうむるための大きな墓**のことだよ。なかでも、前方後円墳といって、前が長方形で後ろが丸形、ちょうどかぎ穴のようなかたちの古墳は日本独特のものだ。なぜ、そんなかたちなのか？　まさか異界への入り口のかぎ穴!?　いまだ謎に包まれているんだ。

[埴輪]

古墳のまわりや頂上に並べられたのが、**埴輪**という焼き物だ。人のかたちをしたもの以外に、馬や家などをかたどったものもあるよ。

古墳がたくさんつくられた6世紀末ごろまでの時代を**古墳時代**というよ。

今回出てきた「埴輪」と、前に出てきた「土偶」との違いはわかるかな？　**土偶は縄文時代で、埴輪は古墳時代だよ。**土偶は魔よけや豊作への祈りのためにつくられ、埴輪は死者をとむらう儀式や祭りと関係が深いと考えられているよ。

[大仙古墳]
大阪府堺市にある前方後円墳。「仁徳陵古墳」ともいう。

[4世紀ごろの朝鮮半島]

日本が古墳時代の4世紀ごろ、中国では国内が南北にわかれて対立し、5世紀ごろになると戦争に発展する。南北にわかれるから南北朝時代と呼ぶよ。

同じように朝鮮半島も高句麗・百済・新羅の三国で勢力争いがおきる。大和政権は、4世紀ごろ、鉄や新しい技術を求めて朝鮮半島南部の伽耶諸国と関係を深める。さらに、百済と同盟を結んで高句麗や新羅と戦う。

5世紀になると、大和政権の王は、中国の南朝に使いを何度も送り始める。皇帝とつながりがあることを示すことで、倭（日本）の王としての地位を高めて、朝鮮半島の国々との関係を有利なものにしようとしたんだね。

勢力を大きくしていった大和政権の王は、**大王**と呼ばれるようになる。さらに大王はその後、天皇と呼ばれるようになっていくよ。

ちなみに出土した刀と剣に名前が刻まれているワカタケル大王（武）は雄略天皇ということがほぼ確定している。大王は倭のトップとしての地位と、朝鮮半島南部を軍事的に指揮する権利を中国の皇帝に認めてもらうため、南朝にたびたび使いを送っていたことが宋の歴史書『宋書』に記されているよ。

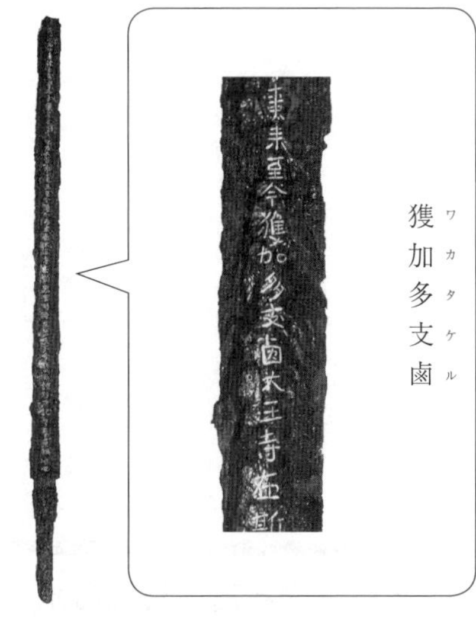

[鉄剣]
稲荷山古墳から出土した鉄剣。雄略天皇とされる「ワカタケル大王」の文字が刻まれている。

さて、日本と朝鮮諸国との交流がさかんになっていくと、朝鮮から一族で日本に移住してくる人たちが増えてくる。そうした人たちのことを**渡来人**というよ。

この渡来人は日本にさまざまな文化や最新技術を伝えるんだ。須恵器という高温で焼いた、かたい土器のつくり方は現在でも用いられているよ。渡来人は鉄製の農具や上質の絹織物をつくる技術も伝えるよ。なかでも、日本に大きな影響を与えたのが漢字と仏教。渡来人、すごいよね。

[須恵器]
窯をつくって高温で焼いた、かたい質の土器。

ポイント整理

邪馬台国と古墳時代のポイント

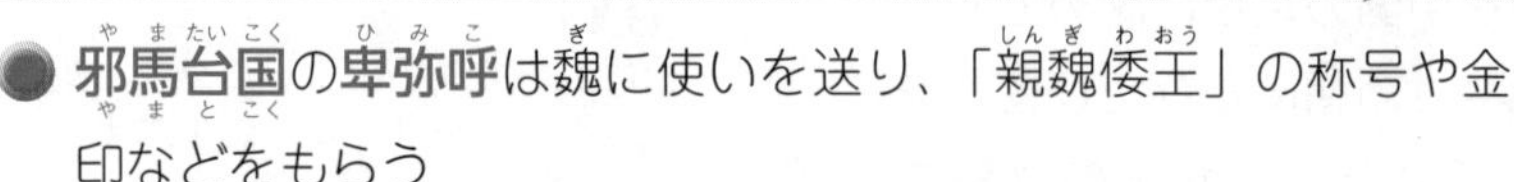

- **邪馬台国**の**卑弥呼**は魏に使いを送り、「親魏倭王」の称号や金印などをもらう
- 3世紀後半に**大和政権**があらわれ、各地に**古墳**がつくられる

第3章 大和・飛鳥時代

大和政権は東北から九州までを支配する。大王も天皇と呼ばれるようになって、ついに「日本」という国家が始まった。ただ、天皇はまだ大きな力を持っていない。そこで登場するのが日本史の有名人にして謎が多い人物、聖徳太子こと厩戸皇子。彼は天皇に権力を集めようと、いろいろな改革をおこなう。この「天皇に権力を集める」という政策は、明治時代まで何回も出てくるキーフレーズだよ。

ただ、豪族である蘇我氏の存在により、改革はなかなかうまくいかない。蘇我氏がほろぼされ、日本の大改革が始まるところまでを見ていこう。

フローチャート 古代国家の歩み

前期：聖徳太子（厩戸皇子）の政治

- 冠位十二階の制度を定める
- 十七条の憲法を定める

▼

中期：中大兄皇子（後の天智天皇）の政治

- 大化の改新を始める
- 全国の戸籍をつくる

▼

後期：天武天皇の政治

- 壬申の乱に勝った大海人皇子が即位して天武天皇になり、飛鳥（奈良県）に都を移す

時代の流れをおぼえるフレーズ

天智天皇 ➡ 天武天皇 ➡ 持統天皇

この時代の重要人物は3人。天智天皇に弟の天武天皇、そして天武天皇の皇后である持統天皇。兄の「天」智天皇に弟の「天」武天皇。「天」つながりの兄弟だからおぼえやすいよね。

テーマ

5 古代国家の政治と文化

聖徳太子の政治改革

6世紀ごろ、新羅が大和政権と交流のある伽耶をほろぼす。いっぽう、仲のよかった百済からは仏教が伝えられる。この仏教を受け入れるかどうかで有力な豪族、蘇我氏と物部氏が対立するんだ。仏教を積極的に取り入れようとするのが蘇我氏で、取り入れることに反対だったのが物部氏。さて、結果はどうなるのか？

それはその後、日本に仏教が広まったことからわかるよね。そう、蘇我馬子が物部氏をほろぼして決着がつく。蘇我馬子は**推古天皇**を即位させると、おいの**聖徳太子**（**厩戸皇子**）を天皇の代理として政治を補佐させるよ。蘇我「馬」子と、「うま」やどの皇子の「うま・うま」コンビの誕生だ(笑)。

ところで、天皇が女性だったり、幼少だったりするときに代理で政治をおこなうことを**摂政**という。聖徳太子は推古天皇から摂政に任命された、というわけだ。推古天皇は日本初の女性の天皇、聖徳太子は日本史のナンバーワン有名人だね。

聖徳太子の政治をひとことで言うと、ずばり「改革」。蘇我馬子と協力しながら、中国をモデルにした天皇中心の制度を整えていくんだ。たとえば、才能があったり、なにかを成し遂げたりした個人に位を与えて役人にする**冠位十二階の制度**。冠の色などで12段階の地位を区別するんだ。

そして有名な**十七条の憲法**。これは今の憲法とはまったくの別ものだ。「争ってはいけません」「仏教を敬いなさい」「天皇の命令には必ず従いなさい」というような、**役人に対して心構えを示したもの**だよ。

それまで国の方針は占いなんかで決められていて、仕事や役職も生まれながらの家柄で決まっていた。実力しだいで就職のチャンスが与えられたり、文書で国の方針が示されたりすることは、大きな改革といえるんだ。

なぜそんな改革をしたのか？　それは隣国の中国の存在が関わっている。6世紀末に隋が南北朝を統一すると強大な帝国ができあがり、日本にプレッシャーがかかるんだ。国内では改革を進めると同時に、中国の最新文化を取り入れるために隋に使者を送る。その使者の代表として有名なのが小野妹子だ。その後、数回にわたって使者を送るよ。この使者のことを**遣隋使**というからおぼえておこう。

小野妹子は危険な船旅の末、聖徳太子から預かった手紙を隋の皇帝に渡し、国交を結ぶことに成功する。小野妹子によって、はじめて日本と古代中国の間で、自分たちの国の技術制度を教えあう交流が生まれることになったんだ。大活躍の小野妹子は役人の“位”の中で、最高の位を与えられるよ。ところで、この小野妹子、名前から女性を連想するかもしれないけれど、実は男性だからね。

遣隋使の派遣
「群れな(607)して出発、遣隋使」

重要ワードを整理！

摂政：**子どもの天皇、女性の天皇の代わり**
天皇が幼い場合や女性の場合、代わりに政治をおこなう役職。推古天皇の摂政になる厩戸皇子（聖徳太子）や藤原氏が代表例。

関白：**大人の天皇の代わり**
天皇が成人になったあとも、代わりに政治をおこなう役職。これも藤原氏が有名。豊臣秀吉も関白になっている。

院政：**上皇・法皇がおこなう**
もと天皇である上皇や、出家したもと天皇である法皇が、天皇の代わりに政治をおこなう。「院」というところで政治をおこなうから「院政」。最初に院政をおこなったのは白河上皇。

最近、聖徳太子は存在しなかったという説が有力になっています。
「十七条の憲法」や「冠位十二階の制度」も別人がつくったとしても、誰か頭の良い強いリーダーシップを発揮した人物が存在していたのでしょう。

飛鳥文化

次は文化面を見てみよう。7世紀のはじめころまでの文化を**飛鳥文化**というよ。日本の歴史で出てくる最初の文化の名前だね。**仏教が「飛」ぶ「鳥」を落とす勢いで広がったから「飛鳥文化」**。……とすると頭に残りやすいでしょ(笑)。そしてこの飛鳥文化が栄えた時代を飛鳥時代というよ。

飛鳥文化には2つの大きな特徴があって、1つは仏教が中心となっていること。もう1つは、中国や朝鮮半島の百済、そしてギリシャやインドなどの影響も受けている国際色豊かな文化だということだ。

飛鳥文化という名前は、奈良盆地南部の飛鳥地方を中心に栄えたことからきている。この飛鳥文化は百済から仏教が伝わったところから生まれるよ。それまでは自然の精霊や神々を信じ、死んだ後の世界のことをなんとなくしか考えていなかった人びとが、死後の世界を示し、死後の幸せや病気の回復を祈る手段としての仏教を知ることで、流行しはじめるんだ。

今までつくっていた古墳をつくるのをやめて、その代わりに寺をつくる豪族も出はじめるよ。なかでも蘇我氏は聖徳太子といっしょに仏教を宣伝しまくって、仏教の一大ブームが到来する。聖徳太子は渡来人の子孫に**法隆寺**を建てさせる。釈迦三尊像や百済観音像でも有名なこの法隆寺は、世界最古の木造建築としても有名だ。金堂・五重塔などの建築物、玉虫厨子などの工芸品など、たくさんの文化財も残されている。これらはおもに、渡来人の子孫によってつくられた。法隆寺は、世界遺産にも登録されているよ。

古代国家の政治と文化のポイント

- **聖徳太子**（**厩戸皇子**）が**冠位十二階の制度**や**十七条の憲法**で政治改革をおこなう
- **仏教**が広がり、**法隆寺**などの寺院が建てられ、**飛鳥文化**が生まれる

テーマ6 律令国家への歩み

大化の改新

7世紀のはじめ、中国を統一した強大な帝国、隋は高句麗に負けたことが原因で内乱がおき、あっけなくほろんでしまう。そして新たに唐が中国を統一。唐は律令という、刑罰（律）や、政治をおこなううえでの決まり（令）をつくったり、戸籍に登録した人びとに土地を与える代わりに税を取ったりするなど、支配のしくみを整えて、隋以上の大帝国を築き上げるんだ。

これで中国からのプレッシャーがさらに高まった日本。日本も中国に負けないような強い国づくりが求められるようになる。でも、それには障害があったんだ。それは天皇のように威張っている蘇我氏の存在。聖徳太子（厩戸皇子）と蘇我馬子の「ウマ・ウマ」コンビはうまく協力していたけれど、2人が亡くなって世代が替わると両氏の関係は悪化。とうとう蘇我馬子の孫である蘇我入鹿が聖徳太子の子を殺害してしまうんだ。

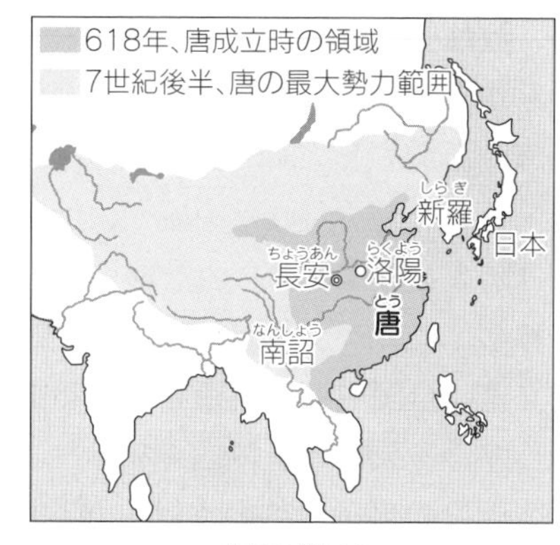

［唐の領土］

馬子の孫の入鹿が聖徳太子（厩戸皇子）の子を殺害……、馬とイルカが入り乱れて混乱していない？　大丈夫?!

さて、そんななか、645年、ついに**中大兄皇子**が**中臣鎌足**たちとともに蘇我入鹿の暗殺に成功。それを知った父の蘇我蝦夷は自殺する。こうして、蘇我氏という大きな勢力は消滅し、政治改革が始まる。

まず、天皇の一族や豪族が個人で支配していた土地と人民を、公のもの、つまり朝廷のものとした。だからこのことを**公地公民**という。これで**天皇のもと、朝廷による直接支配が可能になり、権力を中央に集中させることができるようになる。これを中央集権体制という**よ。そして日本の歴史上、はじめて「年号」が定められる。「大化」という年号だ。このように、大化におこなった公地公民などの改革を「**大化の改新**」と呼ぶよ。

大宝律令の完成

朝鮮半島では新羅が唐とタッグを組んで、日本と仲のよかった百済、そして高句麗をほろぼしてしまう。日本は百済を助けるために出兵したものの、敗れて撤退。これを白村江の戦いというよ。その後、新羅は唐を朝鮮半島から追い出して、朝鮮半島の統一に成功する。

唐や新羅が日本に反撃してくることを恐れる中大兄皇子は、各地に土塁・石垣をめぐらせた山城や、土塁と堀をめぐらせた水城を築く。北九州には防人と呼ばれる兵士を置いて守りを固める。そして都を大津（滋賀県）に移し、ここで**天智天皇**が即位する。人びとの氏名や家族構成を記した公文書、全国規模の戸籍をつくるなど、政治の改革を急いで進めるよ。

しかし、天智天皇が亡くなると、次の天皇になるための争いが起きる。天智天皇の息子と弟の大げんか、これが古代日本最大の内乱に発展する、**壬申の乱**だ。勝って即位したのが天皇の弟の**天武天皇**。天武天皇は唐を参考にして、律令というルールや歴史書づくりを進め、「天皇は神だ」というくらいに天皇の地位を大きく高めるよ。また、唐の都である長安をモデルに、整然とした道路で区画した都、**藤原京**の建設も始める。すごいリーダーシップだったようだね。

天武天皇の亡くなった後、天武天皇の皇后が持統天皇として即位。藤原京を完成させ、都を移し、律令制度を実施する準備を整える。このころ、「大王」に代わる「天皇」という称号や、「倭」に代わる「日本」という国号が、正式に定められたと考えられているよ。

そして701年。唐の律令を手本にしてつくっていた大宝律令がついに完成する。「律令」って何のことだったか覚えているかな？　そう、「律」は刑罰の決まりで、「令」は政治をおこなううえでの決まりだったね。大宝律令が制定され、大化の改新以来めざしてきた律令国家のかたちができ、**中央が全国を支配する政治のしくみ**ができあがったわけだ。

> ゴロあわせ
> **大宝律令の完成**
> **「なー、おい(701)、大宝律令が完成したって！」**

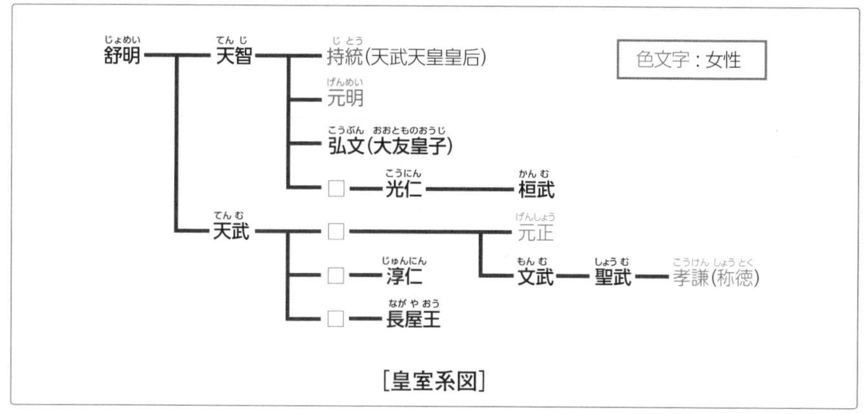

［皇室系図］

律令国家への歩みのポイント

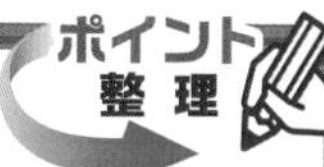

- **中大兄皇子**が蘇我入鹿を暗殺し、**公地公民**など**大化の改新**をおこなう
- **壬申の乱**に勝った**天武天皇**の后、**持統天皇**が**大宝律令**を完成させる

第4章

奈良時代

日本が律令国家となり、都が奈良に移されるところから奈良時代のスタートだ。「奈良時代」と聞いて、連想するのは……奈良の大仏かな？　じつはこの「奈良時代＝大仏」のイメージは奈良時代を理解するのにとても重要。仏教大好きな天皇によって、仏教勢力が政治に入りこんでくる。また、大仏をつくらせる代わりに個人が土地を持つことを認めた。これによって、土地は国家のものだという公地公民の原則がくずれ、**荘園**と呼ばれる個人の土地を広げる貴族や寺院が幅をきかせるようになってくるんだ。文化も仏教の影響を強く受けている点が特徴だよ。

フローチャート　奈良時代の区分

前期：律令国家の誕生

- 平城京（奈良県）に都を移す
- 戸籍の登録

中期：仏教勢力の拡大

- 国分寺・国分尼寺の建立の詔
- 大仏建立の詔

後期：荘園のはじまり

- 墾田永年私財法の制定
- 貴族や寺院の私有地が拡大する

「平城京になら（奈良）んだ寺が、荘園増やして勢力拡大」

平城京には多くの寺があって、奈良時代中期には聖武天皇が全国に国分寺・国分尼寺をつくらせ、都には東大寺を建てて大仏をつくらせる。仏教の一大ブーム到来だ。そんな仏教は寺院の私有地、荘園を拡大して勢力を広げていく。

テーマ7 律令国家の成立

都と地方支配

710年、唐の都である長安（西安）を参考にした**平城京**が、律令国家の新しい都として奈良盆地につくられる。奈良に都が置かれてから、都が京都に移されるまでの約80年間を**奈良時代**と呼ぶよ。平城京の南北は約5キロもあって、端から端まで歩くと1時間もかかるんだ。すごい広さだよね。

ゴロあわせ
平城京の遷都
「なんと（710）大きな、平城京」

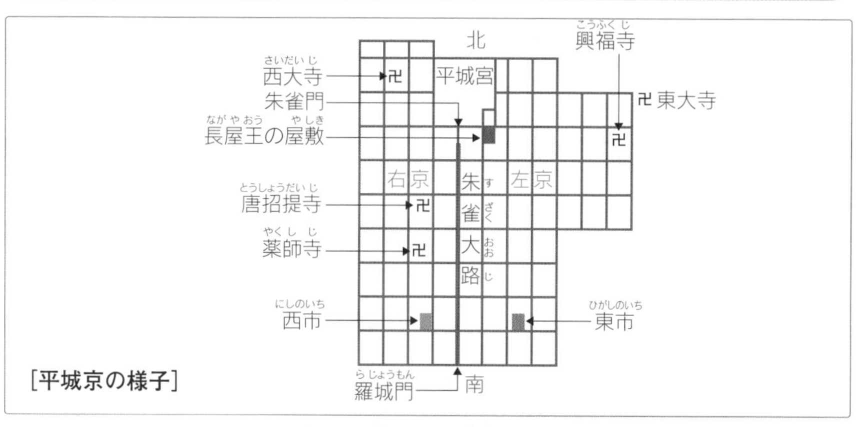

[平城京の様子]

[平城京復元模型写真]

平城京には10万人が生活していたと教科書にあるけど、よくそんな大きな都をつくることができましたね！

そう、律令制度が整って、天皇を中心とした政府が大きな権力を持つことができたから実現できたんだ。国家が土地を直接支配するようになって、広い土地を使えるようになった。そして、都の建設という一大事業に、多くの人びとを動員できたからなんだよ。公地公民、中央集権体制の影響力の大きさがわかるかな。

さて、中央の政治は律令にもとづいた役所でおこなわれる。太政官と神祇官の2官、天皇の命令書を作成する中務省や財政事務をおこなう大蔵省など8省の役所が設けられるよ。はやくも「日本」という国家の基本ができてきたといった感じだね。

いっぽう、地方は多くの国に区分され、その国ごとに国府という役所が置かれる。その国府には国司という役人が都から派遣され、任命された地方豪族の郡司を部下として政治をおこなうんだ。現在の都庁と県庁、都知事と県知事みたいなものだよ。

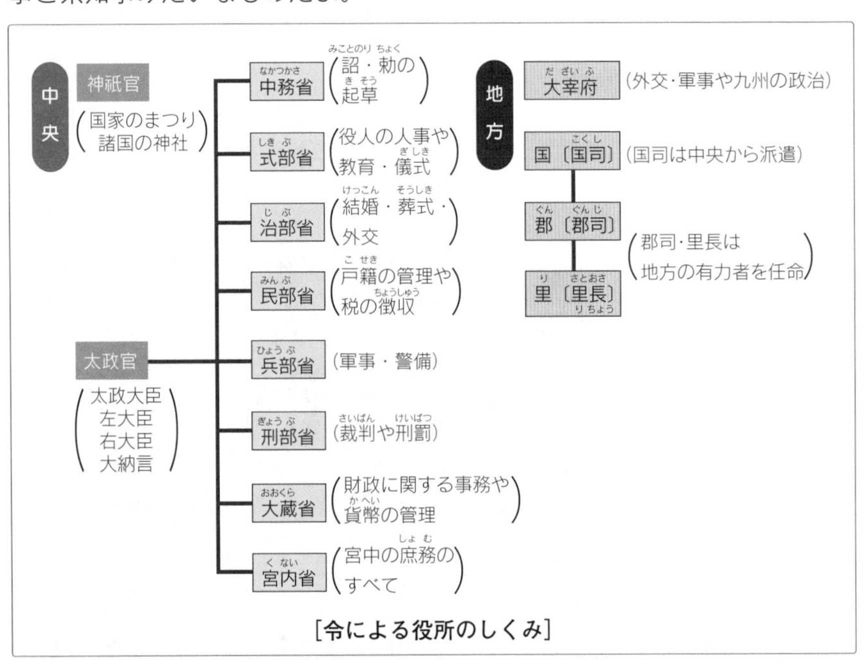

[令による役所のしくみ]

律令制度下の人びとのくらし

奈良時代の人びとは良民と、奴隷である賤民にわけられて戸籍に登録される。賤民には自由がなく、なかでも奴婢と呼ばれる最下層にされた人たちは売買の対象になり、ひどい扱いを受けるんだ。

そのようにわけられて登録された戸籍は、律令のルールによって6年ごとにつくられ、家族の名前や年齢などが記録されるよ。この戸籍に登録される6歳以上の人には、国から土地が与えられるんだ。

6歳以上ならみんな土地をもらえるんですね。
良い制度じゃないですか？

いや、それがうまくできていて、**土地を与えられる代わりに税が課せられ、死亡すると土地を国に返さないといけない**んだ。この土地のことを**口分田**といい、土地を国に返す制度を**班田収授法**というよ。

この税の中身を少し詳しく見てみよう。

まず、口分田から収穫された稲の3%を国府に納めるのが**租**という負担。3%なら現在の消費税よりずっと低くて、たいしたことなさそうに感じるかもしれないね(笑)。でも、税はこれだけではないんだ。布や特産物などを都まで自費で運搬する**調**・**庸**や、雑徭という地方での労働、北九州の警備をさせられる防人などの兵役もある。

とくに防人は厳しい。このころ攻めてくる可能性がある国といったら中国や朝鮮だから、近くの北九州が警備の対象になったわけだけど、なにせお金がもらえない。現地に行くまでの費用や食費も自分で払わないといけない。しかも防人に行っている間も税を払い続ける必要があるから、残された家族はひどいことになってしまう。税を払えずに逃げ出す農民も多く、荒れて使えなくなる口分田も増えていくんだ。また、租以外の税は成人男性だけに課せられたから、戸籍の性別を女と偽る男性が増えていく。現代でも税金から逃れようとした人がよくニュースに出ているけれど、昔から変わっていないわけだね。

名称	課税の対象	税の内容
租	水田からの収穫高の約3%の稲（1段につき2束2把）	
調	17歳以上の男子	絹、糸、真綿、特産物 農民が自分で都へ運ぶ（運脚）
庸	21歳以上の男子	本来は労役、代わりに布で納めるのが一般的となった
雑徭	17歳以上の男子	年間60日以内の労働
兵役	21歳以上の男子（3人に1人）	1年（防人は3年） 食料や武器などは自分で負担
出挙	——	稲などを貸し付けられ、5割の利息を払う

[農民の税の負担]

少しくわしく

農民たちの生活の苦しさ

農民たちは租・庸・調の重い税金に苦しんでいました。歌集『万葉集』には、こんな歌があります。「唐衣　裾に取り付き泣く子らを　置きてぞ来ぬや母なしにして」（私の服の裾にすがりついて泣く子どもたちを置いて防人に来てしまった。子どもたちには母親もないのに）。子どもを置いて防人に出なければならなくなった父親の、つらく悲しい歌です。また、国司を務めたことのある山上憶良も『万葉集』に収められている『貧窮問答歌』で、地方の貧しい農民の暮らしをよんでいます。東国の農民は奈良時代になってもたて穴住居で暮らしていたといわれています。

律令国家の成立のポイント

- 710年、奈良に**平城京**ができ、律令制度にもとづく**奈良時代**が始まる
- **班田収授法**によって、戸籍にもとづいて**口分田**が与えられる
- 口分田が与えられる代わりに、**租・調・庸**や兵役の義務を課せられる

テーマ8 荘園のはじまりと天平文化

荘園のはじまり

奈良時代後期になると、鉄製農具の普及などによって、稲の収穫が増えていく。いっぽうで、農民が税負担に苦しんで逃亡し、荒れて使いものにならなくなる口分田が増えてしまう。しかも人口も増えてくるので、ますます田がたりなくなるんだ。

そこで、奈良時代のリーダー、**聖武天皇**の登場だ。口分田不足への対策と、人びとに大仏をつくらせる代わりとして、743年に**墾田永年私財法**を制定するよ。**「新しく開墾した土地（墾田）はあなたのものだから、子孫にゆずったり、売ったりするのも自由。永久に返す必要はないですよ」ということで、教科書的にいうと、「土地の私有を認めた」んだ。**

ゴロあわせ
墾田永年私財法
「墾田永年私財法で土地を返す必要なしさ(743)」

これは大きなインパクトがあった。墾田永年私財法の制定をきっかけに、中央の貴族や地方の郡司、東大寺などの寺院は農民を使って土地を開墾し、自分の土地拡大キャンペーンをいっせいに始めることになる。自分の土地を私有地というよ。そしてこの私有地の管理のための事務所や倉庫を「荘」と呼んだので、こうした私有地は**荘園**と呼ばれるようになるよ。

荘園のはじまりによって、土地と人民は国家のものだという公地公民の原則がくずれ、新たな時代に突入するんだ。

少しくわしく
三世一身法

じつは墾田永年私財法がつくられるより前の723年、三世一身法という法律がつくられています。これは、新しく開墾した土地を三世代、つまり孫の代まで自分のものにしてよいという法律です。でも、当時は開墾に何年もかかり、寿命も短かったので乗り気になる人が少なく、あまり効果はなかったようです。

天平文化

奈良時代の文化についても見てみよう。

この時代、中国は唐という王朝が支配している。隋の次の王朝だね。中国の王朝の順番はおぼえているかな？　あやしかったら、18ページの変え歌を確認だ！

唐はあまり続かなかった隋と違って、約300年も続くよ。朝廷は、**遣唐使**をたびたび送って、大宝律令や平城京に代表されるように優れた制度や文化を取り入れようとする。現在、最先端のIT技術ではアメリカのシリコンバレーが有名だけど、当時の日本にとってのシリコンバレーは、唐の都だったわけだ。

唐にはシルクロードを通って、西アジアやインドの文化が伝わっていて、遣唐使は唐の文化だけでなく、西方の文化も日本に持ち帰っていたんだ。だから奈良の文化は唐や西方諸国の影響を強く受けているよ。

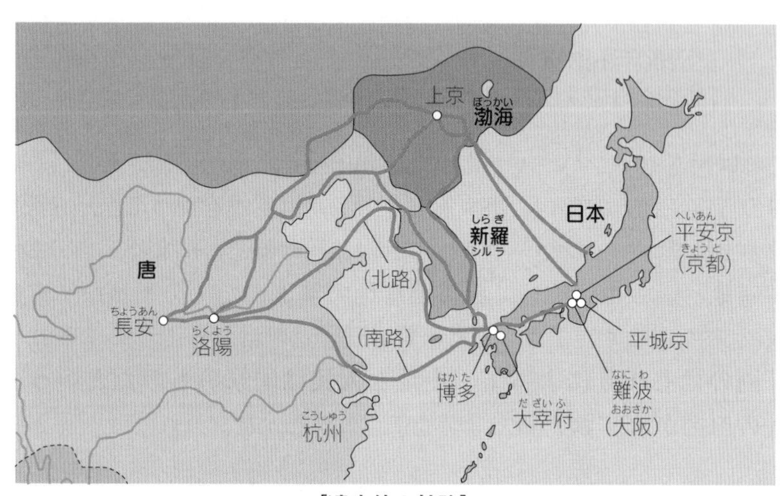

［遣唐使の航路］

日本が唐に派遣した使節を遣唐使という。隋がほろび、王朝が唐になったことで、それまで派遣していた遣隋使に代わってこの名称になった。遣唐留学生として唐に渡り、そのまま帰国できず唐に仕えた阿倍仲麻呂が有名。

また、当時の天皇は仏教の力で災いをふりはらい、国家を守ろうとする**聖武天皇**だ。国ごとに**国分寺**と**国分尼寺**を建て、人びとに国家の平安を祈らせるよ。さらに、聖武天皇は奈良の都に**東大寺**を建て、国から弾圧を受けていたけれど民衆に人気のあった有名な僧、行基を責任者とし、金堂に大仏をつくらせるほどの仏教の大ファン。当時の東大寺の**正倉院**宝庫には、遣唐使が持ち帰った珍しい鏡や楽器、おもちゃなんかも収められた。

というわけで、聖武天皇のころの年号である天平に広がった文化、**天平文化**は、**唐などの諸外国の文化や仏教の影響を受けた国際的な文化**という特色がある。

[正倉院]

[唐招提寺]

[鑑真]

6度目の航海、12年かかり、やっと日本に到達。そのときには失明していたが、その後、唐招提寺をはじめとする多くの寺を建て、新たな知識や技術を伝えた。

少しくわしく　聖武天皇は奈良の大仏を見たことがない？

じつは奈良の大仏が完成するのは752年で、聖武天皇のときではありません。聖武天皇には娘しかいなかったのですが、彼女が即位して孝謙天皇になりました。大仏が完成したのはその孝謙天皇のときです。

歴史書と万葉集

国家のしくみが整って、国際交流がさかんになると、日本という国のおこりや、天皇が国を治めるようになった歴史を確認しようという意識が高まる。そして、天武天皇のころから始まっていた歴史書づくりがついに完成するよ。

語り伝えられてきた神話から推古天皇の時代までを記録した『**古事記**』が712年についに完成。さらに、神話にもとづく国家の成り立ちから持統天皇の時代までをまとめた『**日本書紀**』が720年に完成するよ。『日本書紀』は中国の歴史書にならって漢文で書かれ、日本の正式な歴史書とされたんだ。**『古事記』の「記」と『日本書紀』の「紀」を逆にして覚えないように注意してね！** また、国ごとに自然、産物、伝説などをまとめた『風土記』もおぼえておこう！

和歌も流行して、『**万葉集**』も奈良時代につくられるよ。『万葉集』は日本に現存する最古の和歌集だ。天皇や貴族だけでなく、農民や防人（←おぼえているかな？ 忘れていたら39、40ページで確認しよう！）など民衆の歌も多いことは、世界でも例がない珍しいことなんだ。感情を力強く表現した歌が特徴だよ。「万」葉集という名前だけど、歌の数は約4500首。元号の「令和」の出典元ということで再注目される。

荘園のはじまりと天平文化のポイント

- **聖武天皇**が**墾田永年私財法**を制定し、私有地である**荘園**が生まれる
- 聖武天皇の仏教保護によって**天平文化**が栄える

第5章

平安時代

いよいよ古代のラスト、平安時代だ。平安時代と聞くとなにを連想する？ 「平安貴族」や「十二単」、「紫式部」や「清少納言」、あるいは「源平合戦」を連想する人も多いだろうね。どれも平安時代を理解するための重要なキーワードだ。平安時代は日本の歴史のなかで、いちばん長い時代だ。江戸時代よりもずっと長くて、約400年も続くんだ。政治は貴族から武士へ、仏教は国家から個人のものへ、文化は中国風から日本独自のものへと、いろんなものが大きく変わっていく境目となる時代だよ。

フローチャート 平安時代の区分

平安前期：桓武天皇が活躍

》》》平安京に都を移す　》》》東北（蝦夷）を支配する

▼

平安中期：藤原氏が活躍

》》》藤原氏が政治の実権をにぎる（摂関政治）

》》》遣唐使が廃止され国風文化が栄える

▼

平安後期：白河上皇が活躍

》》》白河上皇が院政を始める　》》》源平の戦い、平家が滅亡

時代の流れをおぼえるフレーズ

桓武天皇 ➡ 藤原道長 ➡ 白河上皇

桓武天皇の「か」、藤原道長（みちなが）の「み」、白河上皇の「白（しろ）」　これをつなげて、「平安時代は『紙白い』」。平安時代って、貴族たちが白い紙に和歌を書いているイメージない？（笑）平安中期の権力者、藤原道長・頼通の親子は、「道が長いから頼通（寄り道）する」とおぼえればOKだ！

テーマ

9 桓武天皇の政治改革と摂関政治

桓武天皇の政治改革

平安時代は794年、**桓武天皇**が都を奈良の平城京から長岡京を経て、京都の**平安京**に移したところからスタートだ。平城京では**僧の勢力が大きくなって政治との結びつきが強くなりすぎた**から、新しい都で政治を立て直そうと考えたといわれているよ。

少しくわしく

平安京へ移したのはなぜ？

桓武天皇は平安京より前に、長岡京（現在の京都府向日市付近）に遷都（都を移すこと）しています。ところが工事責任者の暗殺に関連した怨霊騒ぎがおこったり、洪水の被害にあったりし、まもなく平安京に都を移したのです。

平安京は寺院の勢力が強くならないように、東寺と西寺以外の寺院は都の外に置かれました。

ゴロあわせ

寺院の勢力遠ざけられ、
「泣くよ(794)坊さん平安京」

[平安京復元模型]

京都が「千年の都」と呼ばれる理由を知ってるかな？　京都はこの平安時代から明治時代のはじめに天皇が東京に移るまでの約1100年ものあいだ、日本の都になるよ。**次の鎌倉時代にも、のちの江戸時代にも、ずっと都は京都**だ。かん違いしやすいところだから気をつけよう！

さて、桓武天皇は都を平安京に移してからいろいろと思い切った改革をおこなった。そのなかでも 3 つのことを知っておこう。

1つめは**律令制度の立て直し**だ。奈良時代で勉強した律令制度を覚えているかな？　「律」は刑罰の決まり、「令」は政治をおこなううえでの決まりだったね。

まず、**国司への監督を強化**する。国司とは都から派遣されて地方の政治をおこなう役人だったね。自分が儲けることしか考えないインチキ国司が目立ってきたから、人数を整理したうえで、取り締まりを強化するわけだ。

そして、**兵役の一部廃止**。東北や九州を除いて、一般の人びとの兵役を廃止する。平和を基本とする日本国憲法ができる1000年も前に徴兵制を廃止するなんて、桓武天皇はずいぶん進んだ考えの持ち主だと思わない？

2つめは東北地方の支配だ。**朝廷に従わない東北地方の人びと、蝦夷を支配すること**に力を入れるよ。これに対して蝦夷の首長のアテルイは朝廷軍に激しく抵抗する。そこで797年、**坂上田村麻呂**が征夷大将軍という位をもらって、801年に蝦夷の拠点を攻略し、アテルイは降伏。坂上田村麻呂は朝廷にアテルイの命を助けるように頼んだものの、河内（大阪府）で処刑されてしまうんだ。ちなみに坂上田村麻呂は、修学旅行先の定番のひとつ、京都の清水寺を建てた人物とされているよ。

少しくわしく

「征夷大将軍」とは？

「征夷大将軍」の「征夷」とは「蝦夷を征討する」という意味です。それが平安時代後期には、武家の頭をあらわすようになり、鎌倉時代以降は朝廷から任じられる幕府のトップをあらわすようになりました。

蝦夷という言葉は彼らがそのように名乗っていたわけではなく、朝廷がそのように呼んで差別していただけです。しかも、悪事をはたらいたわけではなく、朝廷の支配下に置かれることをいやがっただけなので、「征討」という言葉は本当は不適切です。しかし、試験問題ではこのように使われることがあるので、ここでは意図的に使用しています。

3つめは**新しい仏教の保護**。なぜ新しい仏教の保護が改革につながるのか？　それは、新しい仏教を保護することで、奈良時代に強くなりすぎた平城京の寺院勢力をおさえようとするからなんだ。その新しい仏教とは、**比叡山**に**延暦寺**を建てた**最澄**の**天台宗**と、**高野山**に**金剛峯寺**を建てた**空海**の**真言宗**。**「天才」(「天台宗の最澄）と「真空」(真言宗の空海)**とおぼえると、整理しやすいね(笑)。

このふたりは遣唐使として唐に渡って、仏教を学んで帰国する。彼らの仏教は密教といって、山に寺を建ててこもり、そこで修行して悟りを開くことをめざすという特徴があるよ。奈良時代までの仏教は国を守るためのものだったけれど、この新仏教は個人のあり方や考え方も教える。これ以後仏教は国家のものから個人のものへと変化していくんだ。そして、貴族たちの間で新仏教がブームになる。また空海は書の達人。ことわざ「弘法筆を選ばず（天才は道具を選ばない)」の弘法とは空海のことだよ。

[最澄]
平安時代初期の僧。比叡山の延暦寺で天台宗を伝えた。

[空海]
弘法大師と呼ばれる平安時代初期の僧。高野山の金剛峯寺で真言宗を伝えた。

藤原氏の摂関政治

9世紀の後半になると、それまでの天皇がおこなう政治から、藤原氏による政治が始まる。まるで古代に天皇よりも力を持って、好き放題やっていた蘇我氏のようだね。

藤原氏は大化の改新のときに活躍した中臣鎌足が天智天皇からもらった姓だから、藤原一族は中臣鎌足の子孫だ。その藤原氏はほかの貴族をうまく出し抜き、娘たちをつぎつぎに天皇の后にして、生まれた子ども、つまり自分の孫を天皇にしていく。天皇のおじいちゃんとして幼い天皇の代わりに政治をおこなう**摂政**という立場になり、天皇が大人になると、**関白**という地位について大きな権力を得る。

この摂政と関白による政治を**摂関政治**といって、テストの頻出事項だよ。この摂関政治はとくに**藤原道長**とその子、**頼通**のころ全盛を迎え、広大な荘園を持つようになるんだ。

藤原道長って、たしかとっても偉そうな歌をよんだことで有名な人ですよね？

そう。こんな歌が残されているよ。

「この世をばわが世とぞ思ふ望月の欠けたることもなしと思へば」

「この世は俺のものかと思う。満月が欠けていないように、すべてが思い通りになっちゃうぜ！」、そんな意味の歌だ。これが超絶自信満々の歌として歴史に残る。すごいよね(笑)。

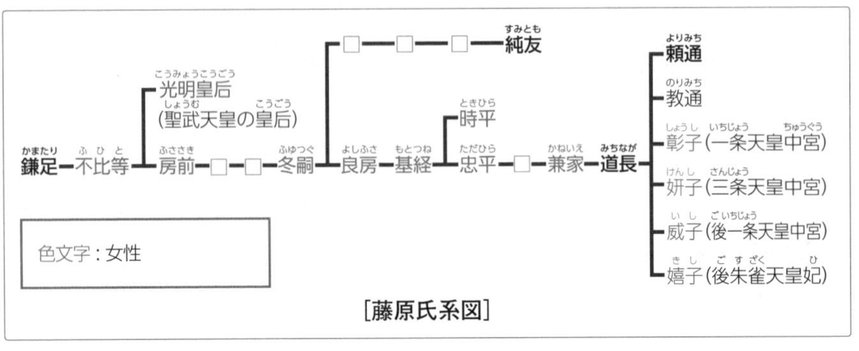

[藤原氏系図]

藤原氏はどのように権力を得たのか。それは「**娘を天皇と結婚させ、生まれた子を天皇にして権力を得た**」という答えが正解。正確に答えられるようにしておこう。

ところで、絶大な権力をにぎった藤原道長は摂政にはなったけど、**関白にはなっていない**から、かん違いしないでね。

国風文化

9世紀末、国内の反乱により唐が一気におとろえていく。894年、遣唐使に任命された**菅原道真**は、**唐のおとろえと、往復の危険を理由**に遣唐使の廃止を提案して受け入れられる。

ゴロあわせ

遣唐使の廃止
「白紙(894)に戻せ、遣唐使」

唐がほろぶと、中国との国交は途絶えるものの、物や技術はその後も商人によって運ばれる。そして貴族たちは取り入れた中国文化を、日本の風土や生活にあわせて工夫をしていくんだ。これを「国」内の「風」土独自の文化だから**国風文化**という。摂関政治のころにもっとも栄えるよ。

さて、ここでクイズ！　国風文化のもとになっている、現在私たちの身のまわりにあふれているものはなんでしょう？

それは**仮名文字**。漢字の草書体、へん・つくりから展開した仮名文字が広がったことで、文章がつくりやすくなったんだ。

このころ、和歌や物語・随筆などの文学が生まれるよ。紀貫之たちが編集した**『古今和歌集』**は天皇の命令によって選ばれた日本最古の和歌集だし、かぐや姫で有名な『竹取物語』は日本最古の物語だ。**紫式部**の小説**『源氏物語』**、**清少納言**の随筆**『枕草子』**など、**宮中に仕えた女性による文学作品が多く生まれることも、国風文化の特徴**だよ。彼女たちの作品はすぐに大人気になって、現代でいうならSNSの有名インフルエンサーだ。きっと多くの読者から「いいね！」という共感を得たのだろうね。

[源氏物語絵巻]

この国風文化は貴族の間で広がっていく。貴族たちはいくつもの建物を渡り廊下でつないだ**寝殿造**という住宅で生活し、部屋のなかには日本の自然などを描いた**大和絵**の屏風などが飾られる。大和絵の代表作として「源氏物語絵巻」を知っておこう。

この時代の建物で代表的なのは藤原頼通が父、道長から譲り受けた別荘を寺にした**平等院**（**鳳凰堂**）だ。平等院は世界遺産になっているし、なにより10円玉オモテの図柄になっている知名度バツグンの建物だ。でも、1万円札のウラに描かれているのも平等院の鳳凰像だってことは、意外とみんな知らないでしょ？

[平等院鳳凰堂]

さて、貴族の服装は中国風から国風にかわり、男子は束帯、女子は十二単が正装になる。

[国風文化のもとでの男女の服装]

信仰についても見ておこう。

10世紀半ば、疫病やききんなどの社会不安が高まっていくなか、念仏をとなえて阿弥陀如来にすがり、死後に苦しみのない極楽浄土に生まれ変わろうとする**浄土信仰**がおこる。この浄土信仰は都の貴族から始まって、庶民、地方の豪族の間にも広がり、阿弥陀如来の像や阿弥陀堂をつくることが流行するんだ。

平等院鳳凰堂は、浄土信仰の代表的な建築でもあって、阿弥陀如来像が置かれているよ。

[阿弥陀如来像] 高さ277.2cm。

907年に唐がほろんだ後、中国ではいくつもの小国が争い、960年、**宋**が成立する。朝鮮半島では新羅をほろぼした高麗が936年に朝鮮半島を統一する。日本は宋や高麗とは正式な国交を結ばなかったけれど、商人による交易はおこなわれていたよ。

桓武天皇の政治改革と摂関政治のポイント

- 都を奈良の**平城京**から京都の長岡京、**平安京**へ移す
- **藤原道長**・**頼通**父子が**摂関政治**をおこない、荘園を拡大する
- 新しい仏教である**最澄**の**天台宗**と**空海**の**真言宗**が伝わる

テーマ10 武士の成長と院政

武士の成長

これまで貴族の社会を中心に見てきたけれど、10世紀になるといよいよ武士が登場するよ。

豪族は開墾した土地を自分のものにして領地を広げ、その領地を守るために武装化する。一族出身者である家の子や農民から取り立てた郎党をまとめて武装集団、つまり武士団となっていくんだ。武士団は他の武士団と争うなかで合体し、より大きな武士団が生まれていく。

10世紀の中ごろ、関東の豪族、**平将門**がみずからを新たな天皇だと宣言し、周辺の武士団を率いて中央に対抗する。これを平将門の乱というよ。

また、伊予（愛媛県）の役人だった**藤原純友**は任期が終わっても都に帰らず、武士団を集めて海賊となり、瀬戸内海を荒らしまわる。これが藤原純友の乱だ。これに対して、朝廷も武士の力を借りるしかなく、それでなんとか反乱をおさえることができたんだ。平将門、藤原純友の2人が平安時代中期におこした乱をまとめて、承平・天慶の乱というよ。この事件は、**武士に武士をぶつけて対抗したことで、武士の存在が大きくなるきっかけとなったできごと**だった。

武士団のなかでもとくに有力なのが天皇の子孫でもある**源氏**と**平氏**だ。11世紀後半に東北でおきた豪族の反乱や一族の内紛である前九年合戦、後三年合戦をしずめた源氏の源義家は東日本で勢力を拡大する。ちなみに後三年合戦で源氏側について戦いに勝利した清原（藤原）清衡は、**平泉**（岩手県）に中尊寺を建て、孫の代まで繁栄が続き、独自の文化が生まれるよ。この一族は、奥州藤原氏と呼ばれる。

その後、武士たちはさらに土地開発を進め、新たに広げた土地を都の貴族や寺社に寄付していく。

せっかく開発した土地を寄付してしまうなんて、
武士にはどんなメリットがあるんですか？

奈良時代後期、墾田永年私財法によって生まれた荘園のことを覚えているかな？　忘れていたら、41ページに戻って復習しておこう！

貴族や寺社は寄付された土地を荘園にして、武士をその荘園の管理者である荘官として保護するんだ。これで貴族や寺社は荘園を広げられるし、その荘園を武士に守らせることができる。武士は実質的にその荘園を支配して勢力を拡大することができる。貴族、武士、どちらにとってもメリットのある取り引きというわけだね。

いっぽう、この武士たちの行動に国司も対抗する。荘園以外の土地をまとめて公領とし、支配していく。ただ、やがてこの公領でも武士が勢力を広げて、武士は地方社会の中心的存在になっていくんだ。

院政のはじまり

ここで、藤原氏の摂関政治に話を戻そう。

藤原道長は自分の娘を天皇の后にして、天皇の外戚（母方の親戚のこと）になることで権力を得てきた。ところが、子の頼通には娘がひとりしかいなく、その娘を天皇家に嫁がせても皇子が生まれない。そこで、藤原摂関家と関係のうすい後三条天皇が即位する。そうなると、摂政・関白であっても天皇の外戚でない頼通は権力がふるえなくなってしまう。こうして、絶大な権力を持っていた摂関家は力を失っていくんだ。後三条天皇はそれまでの天皇のように摂関家を気にせず、天皇家に力を戻す改革をおこなっていくよ。

後三条天皇の後には、子の白河天皇が即位。1086年、白河天皇は位をゆずって天皇を引退、**上皇（院）となったあとも政治を続ける**よ。院が政治をおこなうから**院政**と呼ぶ。

なんで天皇を引退したのに政治をおこなうのでしょう？
上皇（院）って天皇よりも上の位なんですか？

白河上皇が院政を始めたのは、摂政・関白の力をおさえて政治の実権を藤原氏から取り戻すためだよ。また、天皇と上皇の位に優劣はないんだけど、政治の実権をにぎったのは上皇だ。上皇とは現在でいう〝会長〟のようなもの。一線を退いた会長が社長をあやつっている会社があるけど、天皇と上皇の関係はそれと似たようなものだよ。

ゴロあわせ

白河上皇が院政を開始
「院政をどうやろう？（1086）、白河上皇」

上皇は、地方豪族から寄付された荘園に対して、国司に税を納めなくてもよい権利（不輸の権）、荘園への国司の立ち入りを拒否する権利（不入の権）を与えて、多くの荘園を集めていく。摂関家の影響力が下がっていくなか、都の警備や地方の争いをしずめるために源氏・平氏に頼ったので、武士の影響力はますます強くなるよ。

1156年、天皇家内部でだれがトップになるかで、**後白河天皇**と崇徳上皇が対立する。ちなみに、後白河天皇は前のページで出てきた白河天皇とは別人だよ。

さて、この天皇どうしの対立に摂関家内部の対立が重なり、それぞれが源氏と平氏の武士団を動員して戦いが始まる。このとき、源氏と平氏がそれぞれの側について戦ったわけじゃないよ。源氏・平氏の一族内で二手にわかれて戦うんだ。この戦争を保元の乱という。戦いに勝った後白河天皇は上皇となり、このあとなんと5代の天皇にわたって院政をおこなうよ。

平氏の勢力拡大

1159年、今度は保元の乱に勝利した後白河上皇の側についた源氏と平氏それぞれのリーダー（棟梁）である**平清盛**と**源義朝**が対立し、平治の乱に発展、戦いになる。その結果、平清盛が勝利する。敗れた源義朝は処刑され、子の**頼朝**は伊豆に流されてしまう。この頼朝、じつは次の時代のリーダーとなる重要人物だよ。

1167年、平清盛は武士としてはじめて**太政大臣**の位につき、自分の娘を天皇の后にし、その子を天皇にして権力をふるいはじめる。これってだれかのやり方に似てると思わない？　そう、藤原道長の権力のにぎり方と同じだね。平清盛は太政大臣の権限で、朝廷の高官を平氏で独占してしまう。日本全国の半分近くの国を治め、平家の人びとは「平家一門でなければ人ではない」とまで言うようになる。この威張り方も「この世をば……」とうたった道長に共通するものがあるよね。

保元・平治の乱を整理！

保元の乱

勝ち	負け
後白河天皇 平清盛 源義朝	崇徳上皇

平治の乱

勝ち	負け
平清盛	源義朝・頼朝

ゴロあわせ
平清盛が太政大臣に
「太政大臣になった清盛にとってはいいだろ―な(1167)」

また、清盛は貿易の利益に目をつけて、**大輪田泊**（神戸市）の港を整備して、宋の商船を入港させるよ。この日宋貿易によって、お金持ちになるよ。また、宋銭を輸入し、日本で流通させる。武家による新しい政権をつくろうとした政策の一環だ。

源平の戦い

平氏の勢力が大きくなると、貴族や寺社、地方の武士たちの反感が高まっていく。そしてついに後白河上皇の側近の貴族たちが、平氏打倒の計画を立てはじめるんだ。すると、その計画を知った平清盛は後白河上皇を鳥羽（京都市）に閉じこめ、関白をやめさせ、貴族たちを処罰して職を奪い、娘が生んだ孫を安徳天皇として立てる。

これに対して、後白河上皇の皇子は平氏を攻める命令を出す。そして、平治の乱で敗れて伊豆に流されていた **源 頼朝**が挙兵するよ。ただ、同じ源氏である源義仲が頼朝よりも先に京都に攻めこんで、平氏を都から追い出す。この功績によって義仲は征夷大将軍に任命されるんだけど、都に入った軍は略奪をおこなって、人びとから支持を失い、貴族や頼朝と対立してしまう。頼朝は平氏を討つよりも先に、弟の源義経に命じて、義仲を討たせるんだ。

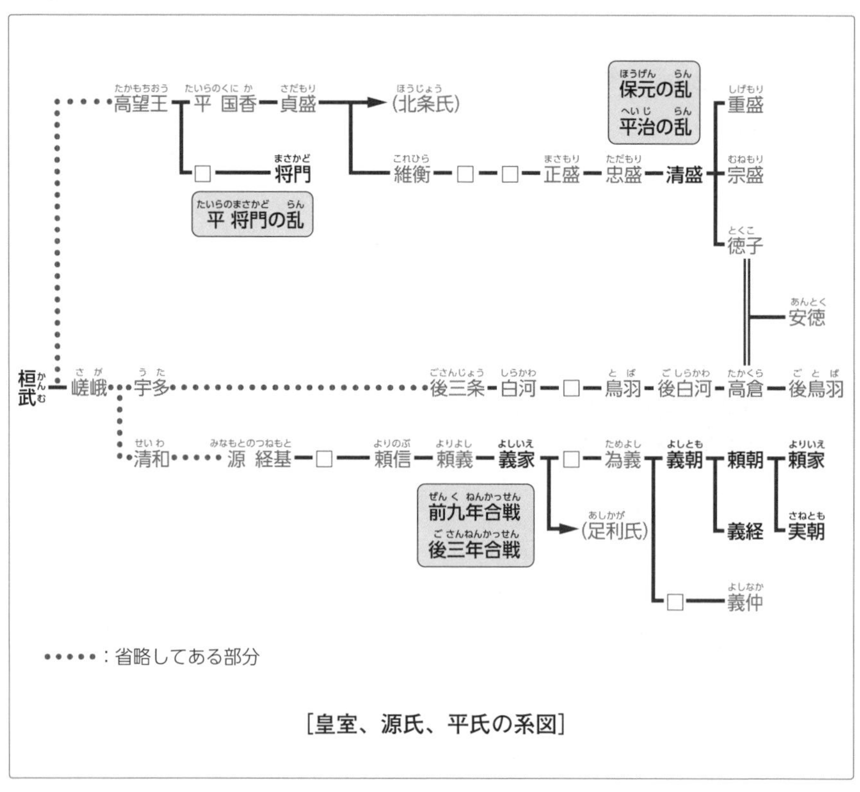

[皇室、源氏、平氏の系図]

そして義経は西へ逃げる平氏を追い、互いに一族の存亡をかけた源平3本勝負が始まる。

まず、一の谷（兵庫県・神戸市）、次に屋島（香川県・高松市）で平氏軍を打倒。1185年、**壇ノ浦**（山口県・下関市）で、源平の最終決戦がくり広げられ、源氏が勝利する。幼い安徳天皇と母の徳子は舟から海へと身を投げる。

こうして栄華を誇った平氏一族は滅亡。平清盛が太政大臣になってわずか18年。短い平氏政権に幕が下りる。威張って周りから反発される勢力は蘇我氏も藤原氏も平氏もみなほろびる運命にあったわけだ。これはこの後の歴史でもくり返されることだから知っておくといいよ。

武士の成長と院政のポイント

- **白河上皇**が**院政**を始め、政治の実権を藤原摂関家から取り戻す
- **平清盛**が武士としてはじめて**太政大臣**の位につき、権力をふるう
- 源氏と平氏が戦い、**壇ノ浦**にて平氏が滅亡する

MEMO

第2部

中世の日本

第6章

鎌倉時代

第7章

南北朝～室町時代

第6章 鎌倉時代

さあ、日本の中世のはじまりだよ。これまでは天皇、摂政・関白などの位を得た貴族、上皇が政治を動かしてきたよね。中世では武士による、武士のための政治がおこなわれる。また、これまで目立たなかった関東が近畿とならぶ日本の中心になるよ。鎌倉時代は約140年間で終わるけれど、武士中心の社会はなんと700年、江戸時代の終わりまで続く。鎌倉時代前半の大きなできごとは後鳥羽上皇が幕府を倒そうとした承久の乱。後半のクライマックスは元が２回にわたって日本に攻めてきたできごとだ。

フローチャート 鎌倉時代の区分

鎌倉初期：源　頼朝の政治

- 頼朝が守護・地頭を置き、征夷大将軍になる
- 将軍と御家人が御恩と奉公の主従関係で結ばれる

鎌倉中期：北条氏の執権政治

- 後鳥羽上皇の承久の乱により六波羅探題を設置
- 北条泰時が御成敗式目を制定

鎌倉後期：幕府の滅亡

- 元の襲来
- 後醍醐天皇に足利尊氏などが味方し倒幕にいたる

源頼朝 ➡ 北条氏 ➡ 後醍醐天皇

源頼朝の「みな」、北条氏の「北」、後醍醐天皇の「『ご』だい『ご』」をつなげて、「みな北、GO!　GO!」。政治の中心が京都から鎌倉へ移ったからね。ホントは北というより東なんだけど、そこはスルーしてほしい(笑)。

鎌倉幕府

頼朝の政治

平氏の滅亡後、上皇から法皇となった後白河法皇は、大きくなった源氏の勢いをおさえるために、義経に頼朝追討を命じる。これに怒った頼朝は義経をとらえることを理由にして、1185年、**守護**と**地頭**を置くことを後白河法皇に無理やり認めさせる。守護は国ごとに設置。**京都や鎌倉（神奈川県）の警備をしたり、犯罪の取り締まりなどをしたりと、警察のような役目**を与えられるよ。地頭は平氏が支配していた荘園や公領ごとに設置。**土地の管理や年貢の取り立てなどの役目**を与えられる。

守護・地頭設置の理由が「義経をとらえるため」というのは、朝廷への口実なわけですね。本当の目的は何なのでしょうか？

それはもちろん、全国を支配するためだよ。頼朝は武士による政府である幕府を鎌倉に開いて全国支配の拠点とする。そして、ここから守護・地頭を任命するんだ。これが**鎌倉幕府**。だから、この時代を**鎌倉時代**というよ。

少しくわしく　鎌倉幕府の成立年は？

鎌倉幕府成立の年には複数の説があります。東日本の支配を朝廷に認められた1183年という説、守護・地頭を設置して全国支配の拠点を得た1185年説、そして「いい国（1192）つくろう、鎌倉幕府」で有名な、征夷大将軍に任命された1192年という説など、多くの説があります。

その後、義経は奥州の平泉（岩手県）を中心に独自の文化を築いて栄えていた豪族、藤原氏のもとに逃げていく。この藤原氏は、54ページで説明した奥州藤原氏のことだ。平安時代に後三年合戦で源氏側について勝利した清原（藤原）清衡の一族だよ。頼朝は義経をかくまったということでその藤原氏を攻めほろぼし、全国を武力で支配する。

そして1192年、頼朝は後白河法皇が亡くなって新たな天皇が即位したのを機に征夷大将軍に任命されて、全国の武士を従える地位につく。

少しくわしく

征夷大将軍とは？

もともとは、坂上田村麻呂に代表される、蝦夷を討つために東北地方に遣わされた臨時の指揮官のことです。

鎌倉幕府の役所のしくみは、とてもシンプル。奈良時代から始まった律令による役所システムをおぼえているかな？　太政官と神祇官が置かれ、太政官の下に8つの省が設けられて仕事を分担していたよね。

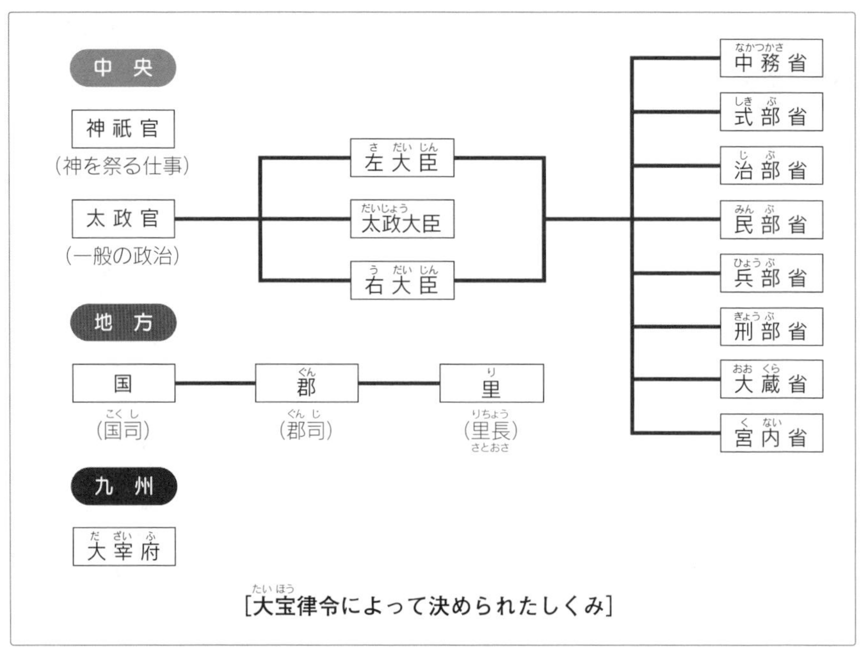

[大宝律令によって決められたしくみ]

これに対して**鎌倉幕府の中央の役所はたったの3つだけという特徴**がある。将軍である頼朝が直接指揮しやすいしくみにしたわけだ。

また、頼朝に仕える武士のことを**御家人**といって、先祖からの領地を保護したり、戦いで活躍したら新しい領地を与えたりした。これを頼朝から御家人に対する**御恩**というよ。そしてその代わりに、御家人は頼朝の命令に従って京都や鎌倉の警備にあたったり、命をかけて頼朝のために戦ったりした。これを**奉公**という。この**将軍と武士（御家人）の、御恩と奉公で結ばれた主従関係が鎌倉幕府のもうひとつの特徴**だから、ぜひ知っておいてほしい。また、この御恩と奉公のように、土地を仲立ちにした主従関係を**封建制度**というよ。

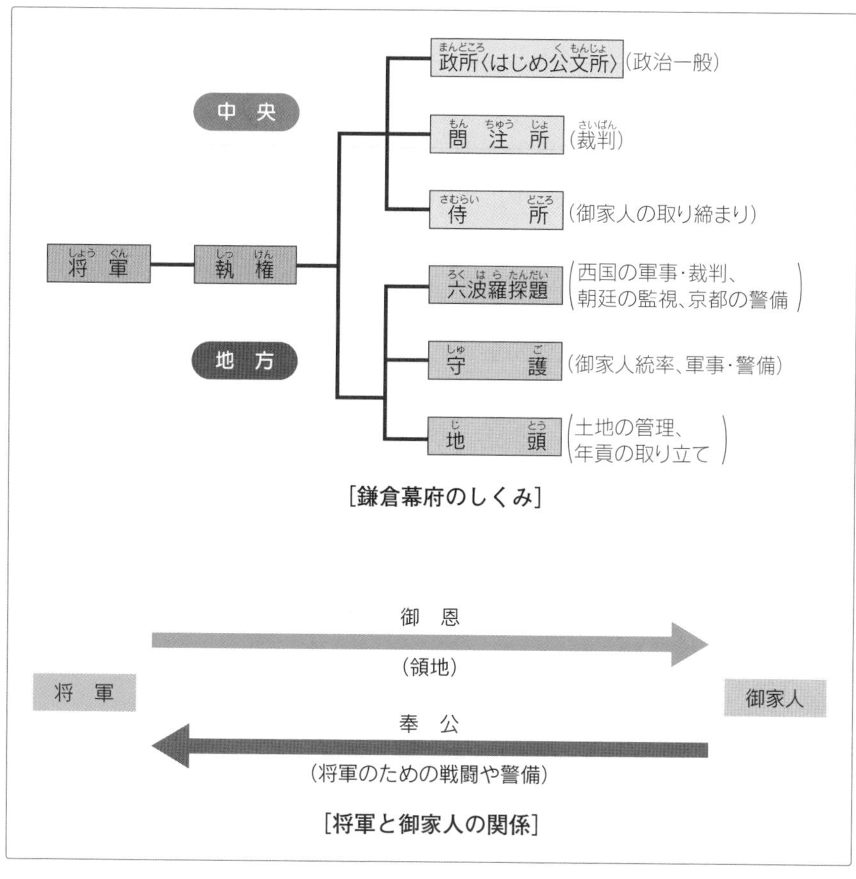

[鎌倉幕府のしくみ]

[将軍と御家人の関係]

北条氏の執権政治

頼朝が亡くなると、頼朝の妻である北条政子の父の北条時政が将軍の力を弱め、有力な御家人を次々に倒し、**執権**という位につく。

執権というのは将軍を補佐する役職だよ。**天皇を補佐する摂政や関白と混同しないように注意**しよう。

1219年、3代将軍の源実朝が暗殺されると、源氏の血筋はあっけなく途絶えてしまう。そこで北条時政は京都の天皇家や摂関家から、まだ子どもの将軍を後継者にして、政治の実権をにぎるんだ。これを、執権による政治だから**執権政治**というよ。

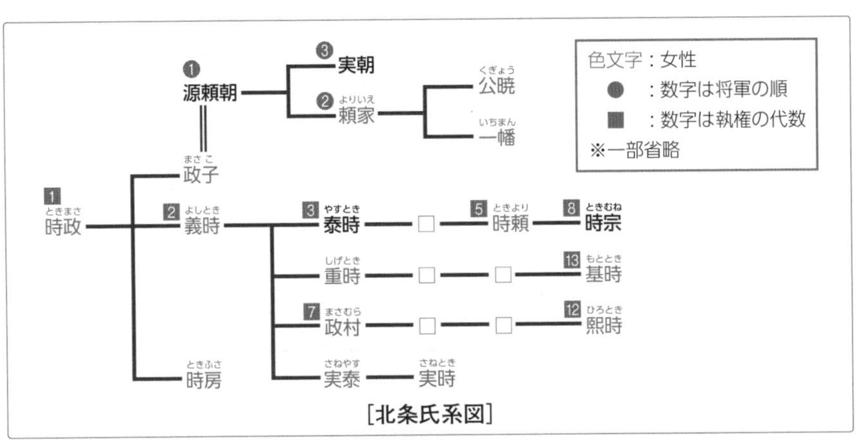

[北条氏系図]

このとき貴族たちは、源氏の血筋が途絶えて、自分たちが権力を取り戻すチャンスが来たと、勢いが出てくる。

後鳥羽上皇は1221（承久3）年、幕府を倒すために北条氏を討つ命令を全国の武士に出す。かつてのリーダーである頼朝将軍はすでにいないし、朝廷の敵になりたくない武士たちは命令に従うかどうかでめちゃくちゃ迷うんだ。

しかし、頼朝の妻であり、北条時政の娘で、尼将軍と呼ばれて大きな影響力を持っていた北条政子が生きていた。政子は武士たちに頼朝の御恩を思い出させる演説をし、感動した武士たちは後鳥羽上皇の軍と戦うことを決心。後鳥羽上皇は短期間で敗れるんだ。これを**承久の乱**というよ。

この戦いのあと、後鳥羽上皇を隠岐（島根県）に流し、京都に**朝廷を監視する六波羅探題**という役所を置く。さらに上皇の味方についた貴族や西日本の武士の領地を取り上げて、その土地に東日本の武士を地頭として任命する。こうして幕府は朝廷に対して優位な地位を確保して、全国的な支配体制を確立していくよ。

承久の乱という、幕府創設以来のピンチを乗り切るために活躍した政子が亡くなると、3代執権になった**北条泰時**は政権を安定させるために、有力御家人から**評定衆**を選ぶ。幕府の大事な問題は、執権を中心としてこの評定衆で会議をして決めていくことになるわけだ。

1232（貞永元）年、泰時は頼朝以来の武家社会のしきたりをもとに、御家人に対する裁判の基準をはっきりさせる法律をまとめる。これを**御成敗式目（貞永式目）**というよ。それまでは、きちんとした法律がないまま幕府の裁判がおこなわれていたんだね。

律令という政治や刑罰の決まりがありましたよね？この時代、もうなくなってしまっていたんですか？

いや、律令は鎌倉時代も朝廷でかたちを変えて残っていたよ。

泰時は京都にいる弟に送った手紙で「この式目は武士のためにつくったもので、朝廷の決定や律令を改めるものではない」と書いている。御成敗式目は武家社会オリジナルの法律で、この後、江戸時代まで武家社会の法律の手本にされるんだ。

武士と民衆の生活

さてここで、鎌倉時代の武士と農民の生活について、それぞれ2つのキーワードで知っておこう。

武士のキーワードは「惣領」と「弓馬」だ。

武士は一族の長である惣領が中心となって子や兄弟をまとめ、荘園や公領に行きやすい場所に、塀や堀で囲んだ屋敷を建てて住んでいた。農民を使って農業を営んで、自分自身は地頭や荘園の管理者として農民から年貢を取り立てて、その一部を得ていた。

そして武士は京都や鎌倉の警備や戦いなどで手柄を立て、新たな領地をもらうために、ふだんから欠かさず弓馬の訓練をしていたんだ。「弓馬の道」や「武士（もののふ）の道」などと呼ばれて、名誉を重んじ、恥をきらう態度など、武芸とともに精神の鍛錬も重視された。

いっぽう、鎌倉時代の民衆のキーワードは「二毛作」と「定期市」だ。社会や政治が安定すると、農民は荘園領主や地頭から厳しい支配を受けながらも農業技術を高めて生産を増やしていく。とくに近畿地方や西日本では、米を収穫したあとに麦をつくるという、二毛作が広がるよ。

また、京都と鎌倉を中心に、交通網が整備されて商業もさかんになってくる。荘園や公領の中心地や寺社の前で定期的に市場が開かれ、米や魚、布などが取り引きされるようになる。これを定期市というよ。市場での取り引きには宋銭が使われ、銭の流通がさかんになる。宋銭をおぼえているかな？　そう、平清盛が始めた日宋貿易で輸入されたものだ。

鎌倉幕府のポイント

- 1185年、頼朝が全国に**守護**と**地頭**を置く
- 将軍と御家人は**御恩**と**奉公**という主従関係で結ばれる
- 源氏のあとをついだ北条氏が**執権**となり、**承久の乱**後、**六波羅探題**を置く

テーマ12
鎌倉文化と新しい仏教

鎌倉文化と文学

鎌倉時代は「武士の時代」。だから**鎌倉文化は武士らしい「力づよさ」が特徴**だよ。

代表的なのが東大寺南大門とその両脇の**金剛力士像**。南大門は、平安時代の貴族的な繊細さがあらわれている平等院鳳凰堂などとは対照的で、太い柱で頑丈に組まれている。宋から伝わった、簡素で力強い建築様式だ。運慶の力作である金剛力士像にいたっては、全長8.4メートル、筋肉ムキムキでまさに力強さの象徴といえる。

②　①　②

①[東大寺南大門] ②[金剛力士像]
門の高さは約25mで、左右に木造の金剛力士像が置かれた。

文学では、武士の戦いを漢字と仮名の力強い文章で描いた**軍記物**が生まれる。代表作は、琵琶法師が弾き語りをした**『平家物語』**。その名のとおり、平氏一族の物語だよ。また日本三大随筆である**鴨長明**の**『方丈記』**、吉田兼好（兼好法師）の**『徒然草』**も鎌倉時代の作品だ。ちなみに三大随筆のもうひとつの作品は平安時代、清少納言の『枕草子』だ。

また、武士が勢いづくなかで、貴族は朝廷の文化を見直しはじめる。その代表例が、あの承久の乱をおこした後鳥羽上皇の命令で編集された**『新古今和歌集』**だ。

文学	
和歌	『新古今和歌集』(藤原定家ら) 『山家集』(西行) 『金槐和歌集』(源実朝)
軍記物	『平家物語』 →琵琶法師が広める
随筆	『方丈記』(鴨長明) 『徒然草』(吉田兼好)

美術	
建築	東大寺南大門
彫刻	東大寺南大門の金剛力士像 (運慶・快慶ら)
絵画	似絵 絵巻物…僧の伝記、合戦など 「蒙古襲来絵詞」 「一遍上人絵伝」

[代表的な鎌倉文化の作品]

鎌倉仏教

平安時代の天台宗・真言宗は、病気からの回復など、この世での利益(仏の教えによって生きることで得られる恵み)を祈ることが中心だった。そしてその後、浄土信仰がおこり、時代は武士による鎌倉時代に移る。天台宗出身の6人それぞれが来世の極楽浄土を願う新仏教を説き、これが明日の命の保証もない武士、そして民衆の心をとらえて広がっていく。

6つの新仏教は3種類にわけられる。

まずは念仏系。**法然**は「南無阿弥陀仏」という念仏をとなえれば、極楽浄土に生まれ変われるという**浄土宗**を説く。さらに法然の弟子の**親鸞**は、阿弥陀如来の救いをひたすら信じる**浄土真宗**を農村に広めるよ。**一遍**は各地を踊りながら念仏の札を配って念仏をとなえ、**時宗**を布教する。これが盆踊りのルーツだともいわれているよ。

次に、座禅によって自分の力で悟りを開く禅宗系。禅はとくに武士の性格によく合ったみたいだね。

栄西が宋からもたらした**臨済宗**は幕府に保護され、鎌倉に建長寺や円覚寺などの大寺院が建てられる。同じ禅宗の**曹洞宗**は**道元**によって伝えられるけど、こちらは臨済宗とは対照的で、権力者との結びつきを避けて、北陸地方から各地へ伝えられるよ。

そして、題目系。**日蓮**は、法華経の題目である「南無妙法蓮華経」をとなえれば、人も国も救われると説いて**日蓮宗（法華宗）**を開く。

仏教の歴史を整理！

● **奈良時代**

国を平和に治めるための「国家仏教」。鑑真が唐招提寺を建立。

● **平安時代**

初期（平安新仏教の登場）
最澄・空海が祈禱を通じ、貴族たちから支持を受ける

最澄　天台宗（比叡山延暦寺）

空海　真言宗（高野山金剛峯寺）

中期以降（末法思想）
来世に極楽浄土へ行けるように阿弥陀仏を信じる、浄土信仰が貴族に広がる

● **鎌倉時代（鎌倉新仏教の登場）**

一遍以外は天台宗出身。

★念仏（念仏をとなえ、阿弥陀仏を信仰）

法然　浄土宗　念仏「南無阿弥陀仏」をとなえれば極楽浄土に行ける

親鸞　浄土真宗　法然の教えをさらに進める

一遍　時宗　踊り念仏が民衆に受けて広がる

★禅宗（座禅で悟りを開く）

栄西　臨済宗　座禅によって悟りを開く

道元　曹洞宗　ただひたすら座禅をする

★題目（題目をとなえることを重視）

日蓮　日蓮宗（法華宗）　題目をとなえ、ほかの宗派を批判

鎌倉文化と新しい仏教のポイント

- 東大寺南大門や**金剛力士像**など、武士に好まれる文化が発展
- 浄土宗・浄土真宗・時宗・臨済宗・曹洞宗・日蓮宗（法華宗）が登場

テーマ13 元寇と鎌倉幕府の滅亡

モンゴルの襲来

13世紀のはじめ、中国の北に位置するモンゴル高原を移動しながら牧畜をするモンゴルの部族たちを**チンギス・ハン**が統一する。その子、孫は中央アジア、西アジアを征服。さらにヨーロッパにまで国を広げて人類史上最大の大帝国、モンゴル帝国に成長させる。この帝国が日本の鎌倉幕府を滅亡させる大きなきっかけとなるんだ。

モンゴル帝国5代目のフビライ・ハンは都を中国の大都（北京）に移し、国を中国風の**元**と名づけ、激しく抵抗する朝鮮半島の高麗を攻めて従えてしまう。

フビライは、次は日本も従えようとたびたび使者を送り、その手紙が幕府に届けられる。これを8代執権の北条時宗はことごとく無視する。そして1274（文永11）年、ついに元の軍隊が高麗の軍も率いて北九州の博多（福岡市）に進軍する。それを幕府の御家人たちが迎え撃つんだ。これを**文永の役**という。

[元軍との戦い（「蒙古襲来絵詞」）]

日本は鎌倉時代でよかったですね。弓馬の道でしたっけ？　武士は日ごろから戦いに備えて訓練を積んでいるという話だから、頼もしそうですけれど？

いや一、それが大苦戦してしまうんだ。その理由を2つあげるよ。

1つめは元軍と御家人の戦い方の違いだ。御家人の戦いは一騎打ち、すなわち一対一が基本。戦う相手をひとり決めたら、自分の出身と名前を大声で伝え、それから斬り合いを始めるスタイルなんだ。これに対し、元軍はグループをつくって戦う集団戦法。これでは御家人が名乗りを上げているあいだに何人もの元の兵士に襲いかかられ、やられてしまうよね。

もう1つは武器の違い。元軍は「てつはう」という火薬弾を投げてくる。飛び散る鉄片の攻撃力もさることながら、その火薬の破裂音に、武士たちの乗っている馬が立ちすくんでしまう。

そんなわけで、幕府軍は大ピンチになる。ところが、ちょうどこのとき暴風雨がやってきて、元軍の船を沈めてしまう。また、元が無理やり連れてきた高麗軍との争いもあり、元軍は引き上げていくんだ。

幕府は次の元軍の襲来に備えて、御家人たちに博多湾の海岸沿いに石垣を築かせ、警備にも力を入れるよ。

そしてふたたび1281（弘安4）年、元は高麗軍に加え、降伏させた宋の軍もあわせた大群で攻めてくる。これを**弘安の役**と呼ぶよ。ただ、今度は石垣が築かれていて簡単には上陸されない。そして船上で待機する元軍を、またもや暴風雨が襲うんだ。元軍は船ごと沈み、残った軍も戦闘不可能ということで撤退するんだ。

後に、日本を二度救った暴風雨は「神風」と呼ばれるようになる。この文永の役、弘安の役、二度の元の襲来を**元寇**というよ。

鎌倉幕府の滅亡

元軍との戦いに勝利したものの、御家人の生活は苦しくなる。北九州への出陣や、石垣を築かせられたことが大きな負担だったからだ。これが承久の乱のように国内の敵を倒すための戦いであれば、負かした相手の領地が恩賞として与えられるんだけれど、今回は元軍からの守りの戦いだったから、勝利しても土地が得られない。

また、武士の領地は分割相続といって、親の領地を子どもたちが分割して相続するシステムだ。そうすると新たに領地を増やさないかぎり、代がわりが進むにつれて領地が狭くなっていくよね。

さらに商業が発達して、支出が増えてきた御家人は、土地を質に入れる代わりにお金を得て、それでなんとか生活していく。御家人が領地を減らして落ちぶれると、幕府の力もおとろえてしまう。

いっぽう、商業が発達したおかげで、豊かになって成長する武士も出てくる。なかには荘園領主や幕府に従わず、年貢を奪う悪党と呼ばれる武士もあらわれはじめるよ。悪党、そのまんまのネーミングでしょ(笑)。

1297年、幕府は御家人を救うために、**御家人が御家人以外の人に質入れしたり売ったりした土地は、もとの主にタダで返すという、借金帳消しの命令**、徳政令を出す。これを**永仁の徳政令**というよ。

しかしこの徳政令以後、御家人に金を貸す者がいなくなってしまう。貸したお金が返ってこなくなるんだから、あたりまえだよね。かえって御家人の生活を苦しめる結果となってしまうわけだ。

ゴロあわせ

徳政令の発令
「皮肉(ひにく)な(1297)結果だ、徳政令」

こうして鎌倉幕府の力がおとろえていくと、**後醍醐天皇**は政治の実権を朝廷に取り戻そうと、武力で幕府を倒す計画を進めていく。

しかし失敗。後醍醐天皇は隠岐（島根県）に流されてしまう。承久の乱と同じようなパターンだね。

ただ、その後の結果が今回は大きく違ったものになる。楠木正成などの新たに勢いを持った武士や、幕府の有力御家人である**足利尊氏**、新田義貞などが後醍醐天皇に味方して幕府を攻撃。1333年、鎌倉幕府が滅亡する。

ゴロあわせ
鎌倉幕府の滅亡
「北条氏の一味(いちみ)さんざん(1333)、鎌倉幕府」

元寇と鎌倉幕府の滅亡のポイント

- 8代執権**北条時宗**のとき、二度にわたって元が襲来（元寇）する
- 御家人を救うために出した**徳政令**が、かえって御家人を苦しませる
- 1333年、**足利尊氏**らが後醍醐天皇に味方して幕府を倒す

第1部 古代までの日本
第2部 中世の日本
第3部 近世の日本
第4部 近代の日本と世界
第5部 現代の日本と世界

第7章 南北朝〜室町時代

後醍醐天皇のもとに政権が戻るものの、その体制は3年たたないうちにくずれてしまう。足利尊氏が京都で別の天皇を立てるからだ。後醍醐天皇は吉野に逃れて南朝を立て、尊氏の京都の北朝と対立する。

こうしてできた南北の朝廷は60年にもわたって内乱を続けるんだ。3代将軍足利義満が南北を統一し、平和になったのもつかの間、8代将軍のあとつぎ争いが全国的な戦いに発展する。各地の武将が争う戦国時代に突入していくというダイナミックな時代だ。

文化面では和室、茶道、生け花、能や狂言など、現代に続く文化のルーツが数多く生まれるよ。

フローチャート 南北朝〜室町時代の区分

- 鎌倉幕府滅亡後：後醍醐天皇
  - 》》建武の新政 》》足利尊氏の挙兵

▼

- 南北朝時代：後醍醐天皇と足利尊氏
  - 》》足利尊氏が京都に北朝を立てる
  - 》》後醍醐天皇が吉野（奈良県）に南朝を立てる

▼

- 室町時代：足利氏
  - 》》足利義満が南北朝を統一する
  - 》》応仁の乱がおこる

「後醍醐天皇」➡「南北朝」➡「足利氏」➡「応仁の乱」

鎌倉時代のときにおぼえた後醍醐天皇の「『ご』だい『ご』」をつなげた「GO!GO!」。そして南北朝の「南北」。さらに足利氏の「足」、応仁の乱の「応」をつなげて、こうおぼえよう。「GO！GO！南北、足で応じる」。

政治の実権は後醍醐天皇から足利氏へ。この時代、朝廷が二つにわかれるなど複雑そうな印象があるかもしれない。でも、権力者は後醍醐天皇から足利代々の将軍へと移り変わっていくだけ。じつは意外とシンプルなんだ。

室町幕府の成立

建武の新政から南北朝へ

足利尊氏たちが鎌倉幕府を倒すと、後醍醐天皇は京都に帰って、新たな政治を始める。翌年の1334年に年号を建武とあらためたので、この政治を**建武の新政**と呼ぶよ。

この「新政」、名前のわりに内容はめちゃくちゃ古い。平安(へいあん)時代、天皇がみずから政治をおこなっていたころを理想とするものだからだ。そしてひどいのは、この政治は天皇を中心に貴族(きぞく)を重視して、今までの武士の政治を否定するものだった。当然、命がけで鎌倉幕府を倒すことに協力した武士たちの不満が高まるよね。政治のしくみも整わず、社会は混乱していくんだ。そして武士たちは尊氏をリーダーに立てて、武士による政権を復活させようと兵をあげる。こうして後醍醐天皇の新政は２年あまりであっけなく終わる。

ところが、朝廷側の軍を破った尊氏が京都に光明天皇を立てると、後醍醐天皇は吉野（奈良県）に逃げて「我こそ天皇」と宣言するんだ。こうして、**京都の朝廷＝北朝と、吉野の朝廷＝南朝、2人の天皇が立つという異常事態になってしまう。**「『き』ょうと」の「北朝（＝『き』た）と、「『な』ら」の「『な』ん朝」とおぼえておこう！

1338年、尊氏は北朝の光明天皇から征夷大将軍に任命されて、京都の室町で幕府を開く。室町で開かれた幕府だから**室町幕府**で、これからの約240年間を**室町時代**というよ。

尊氏は全国の武士をまとめるために、守護が荘園の年貢の半分を兵糧米として手にすること、戦いで得た領地を家臣に分配することなどの権利を認める。こうして**守護は領内の武士を家臣として一国全体を支配する守護大名**としてパワーアップしていくよ。

尊氏の孫の**足利義満**が3代将軍となったころには、南朝はほとんど勢力を失う。義満は南朝に北朝と合体するように呼びかけ、1392年、およそ60年も内乱が続いた南北朝時代がやっと終了する。

ゴロあわせ
南北朝時代の終わり
「いざ国(1392)まとまる、南北朝」

室町幕府

室町幕府のしくみは、鎌倉時代とほとんど同じでシンプルだ。鎌倉幕府には将軍を補佐する執権という役職があったよね。室町幕府では執権に代わって**管領**という役職が置かれるのが特徴だ。読み方は「かんりょう」ではなく「かんれい」ね。テストの文章中に、**「執権」という言葉が出てきたらそれは鎌倉時代のことだし、「管領」という言葉が出てきたら室町時代のこと**だ。管領には、細川氏や畠山氏などの有力な守護大名が交替でつくよ。

あとは六波羅探題の代わりに鎌倉府を置いたくらいの違いだ。鎌倉府の長官である鎌倉公方には足利氏の一族が任命されるんだけど、関東を支配し、しだいに独立した勢いを持つようになって幕府と対立するようになる。

また、幕府は京都の土倉や酒屋と呼ばれる金融業者を保護して、そこから得た税によって経済的に豊かになっていく。

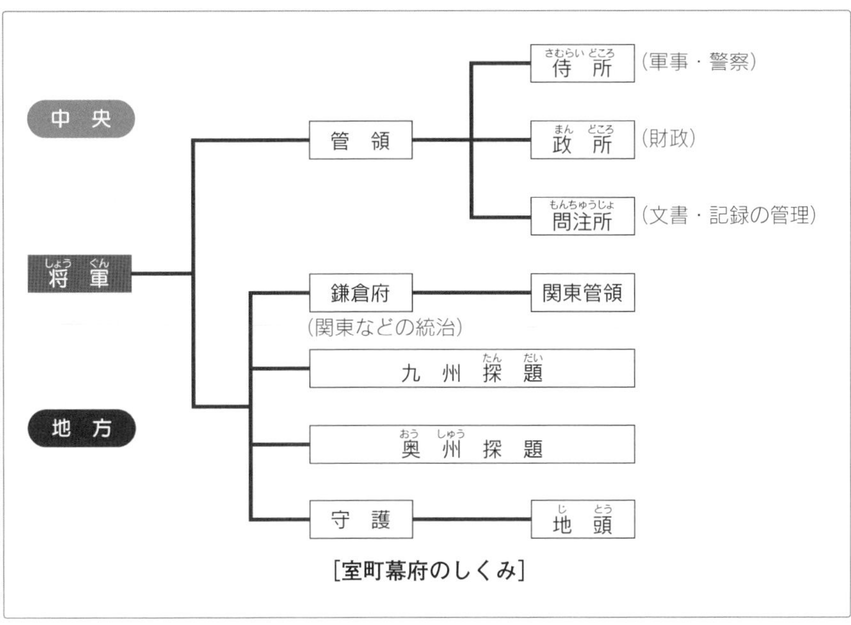

[室町幕府のしくみ]

室町幕府の成立のポイント

- 足利尊氏が京都に北朝を立て、後醍醐天皇が吉野に南朝を立てる
- 1392 年、**足利義満**のときに南北朝が統一される
- 室町幕府に将軍を補佐する**管領**という役職が置かれる

テーマ
15 東アジアとのかかわり

日明貿易

室町幕府のもとで、日本国内が安定しはじめる14世紀後半、中国と朝鮮半島がそれぞれ大きく変化する。

中国では元が国内の混乱でおとろえると、漢民族がモンゴル民族を北に追い出して**明**を建国。そしてそのころ、中国大陸の沿岸や朝鮮半島を荒らす日本人中心の海賊集団があらわれ、**倭寇**と呼ばれて恐れられるんだ。

その倭寇の対策に苦しむ明が、日本に取り締まりを求めてくる。これを明との貿易を始めるいい機会だと考えた3代将軍足利義満は、倭寇を禁じて明に使者を派遣。貢ぎ物を差し出す代わりに、返礼の品を与えられるという朝貢形式で**日明貿易**を始めるよ。

[勘合符]

貿易にあたり、字を書いた札を2つに割り、それぞれを中国と日本でわけ、そのうちの片方である**勘合**という札を日本の貿易船に持たせて海賊船と区別した。このことから、日明貿易は**勘合貿易**とも呼ばれる。

この貿易によって日本は刀や銅、まき絵などを輸出。その代わりに平安時代末期に平清盛が日宋貿易で得て以来、不足していた銅銭（今度は宋銭ではなく明銭）や、生糸・絹織物、書画などを大量に輸入する。銭の流通が活発になって日本の経済が活性化し、文化にも大きな影響を与えるよ。

じつはこの朝貢、894年に遣唐使を廃止して以来、およそ500年ぶりの再開になるんだ。朝貢をすることで、義満は中国皇帝から「日本国王」の称号を与えられる。中国皇帝に朝貢をして称号をもらうなんて、まるで弥生時代の卑弥呼みたいだけど、そうまでして義満は絶対的な権力を得たかったんだね。

14世紀末、朝鮮半島では、倭寇を撃退して功績をあげた李成桂が、高麗をほろぼして**朝鮮**という国を建てる。朝鮮では儒教の新しい学問体系である朱子学が重んじられ、朝鮮の言葉を書きあらわす文字、ハングルがつくられる。朱子学は、後の日本の儒学に大きな影響を与えるよ。

朝鮮も日本に倭寇の取り締まりを求め、さらに貿易を求めてきたので、義満は朝鮮とも貿易を始める。朝鮮からは、日本ではまだ珍しい綿織物、そして仏教の経典を輸入して、日本各地にもたらされるよ。

琉球王国と蝦夷地

沖縄本島では城を根拠地として按司と呼ばれる豪族が勢力を争い合っていた。14世紀になると北山、中山、南山の三勢力にまとまり、それぞれ明と朝貢貿易を始める。

15世紀、中山の王になった尚氏は、北山、南山をほろぼして沖縄本島を統一。首里を都とする**琉球王国**をつくる。琉球は日本や明・清・朝鮮だけでなく、東南アジアにも船を送って、各国の特産物をやりとりする中継貿易で利益を出して栄えるよ。

[首里城の守礼門]
現在の沖縄県にある。

また、蝦夷地（北海道）では、独自の文化を持ったアイヌ民族が漁業・狩猟・採集と交易中心の生活を送っていた。

14世紀ごろから本州の人びと（和人）が移り住んで交易を始める。ただ、交易がさかんになるにつれて、先住民であるアイヌ人の生活は圧迫されていく。そして15世紀半ばに、首長のコシャマインを中心としたアイヌ民族が和人に立ち向かうものの敗北し、さらに強く支配されることになる。

ポイント整理

東アジアとのかかわりのポイント

- 3代将軍足利義満が朝貢形式で**日明貿易（勘合貿易）**を始める
- 15世紀に尚氏が沖縄本島を統一し、首里を都とする**琉球王国**を建てる

テーマ16 農村・商業の発展と室町文化

農村・商業の発展

室町時代に入るころから、惣と呼ばれる自治をおこなう村があらわれる。

自治とは、村中の家の代表が神社などに集まって寄合（会議）を開き、村のルールをつくって違反者を罰したり、自分たちで年貢を集めてまとめて納入したりと、これまで地頭や荘園の管理者がおこなっていたことを自分たちでやることだよ。

このように村の農民たちが団結を強められるようになったのは、生活が安定してきたからだ。南北朝の内乱が終わり、明や朝鮮との貿易によって、人々の暮らしが向上してきたわけだね。

農業技術も発達し、水車や用水路を利用したかんがい技術も進んで、米・麦などの二毛作が各地に広がり、肥料に牛馬のふんや堆肥を使うようになったことで収穫が増えていくんだ。

手工業についても知っておこう。手工業では、西陣（京都市）や博多（福岡市）の絹織物、陶器、紙、酒、油などの特産物が各地で生産されるようになり、刀や農具などをつくる鍛冶・鋳物業もさかんになる。金、銀、砂鉄などの採掘も進むよ。

[田植えの様子をあらわす絵巻]

自治によって力をつけた惣村は、さらにほかの多くの惣村と組んで「年貢を減らせ」とか「あのひどい荘官をやめさせろ」などと、領主のもとに集団で押しかけるようになる。このように、同じ要求をする人びとの集団を**一揆**というよ。

15世紀になるとさらにその勢いがパワーアップして、金貸しの土倉や酒屋などを襲って借金証書を破り捨てたり、質入れしたものを力ずくで奪い返したりするようになる。一揆は近畿地方を中心に広がって、なかには幕府に借金帳消しの徳政令を要求するものも出てくる。農民による一揆は、支配者からは**土一揆**と呼ばれて恐れられ、幕府もその勢いをおさえられず、要求された徳政をたびたび実施することになるんだ。なかでも、あとで説明する運送業者の馬借たちが始めた正長の土一揆、浄土真宗（一向宗）の門人たちによる加賀の一向一揆が大規模だ。一向一揆ではなんと約100年にもわたる自治を実現させる。ちなみにこの自治を破ったのは、あとで出てくる織田信長だ。

街では、鎌倉時代に始まった定期市が各地に広がって、開かれる日数も増える。その取り引きには輸入された宋銭や明銭が多く使われるようになるよ。また、運送業者である馬借と呼ばれる業者もあらわれる。これは現代の宅配便で、トラックの代わりに馬で輸送される。

土倉や酒屋、商人や手工業者は、同業者ごとに組合をつくり、これを**座**と呼ぶよ。こうして各地の港には港町が、寺社の門前には門前町が栄えていくんだ。

同業者ということは、ライバルどうしですよね？
なぜそんな組合をつくるんですか？

この座のグループでお金を集めて、幕府や貴族、寺社などの有力者にそのお金を渡すんだ。そして、その代わりに製造や販売を独占する権利を与えてもらうわけ。いわゆる賄賂だ。こうして座に入っている商人は有力者に渡したお金以上のもうけを得られるというメリットがあるよ。ちなみに、この座は江戸時代に株仲間という集団に発展していく。

室町文化

室町時代の文化についても紹介しておこう。

じつは室町文化は現在の日本の文化のもとになっているものがとても多い。朝廷と幕府のある京都で、貴族と武士が交流し、それぞれの文化がミックスされる。また、幕府が禅宗を保護することで、禅宗の精神も文化に取り込まれるよ。

とくに足利義満が京都の北山の別荘に建てた鹿苑寺の**金閣**は「金閣寺」と呼ばれて超有名だよね。金閣は第１層が寝殿造、第２層は寝殿造と書院造、第３層は禅宗の様式となっている。

書院造とは、寺院の部屋の様式を武士の住居に取り入れた様式だよ。金閣は貴族や禅宗の様式が一体となった建築物だ。金閣に代表されるような義満の時期の文化を**北山文化**というよ。あとで出てくる東山文化と区別するために、**「『き』んかくじ」は「『き』たやま」文化**とおぼえておこう。

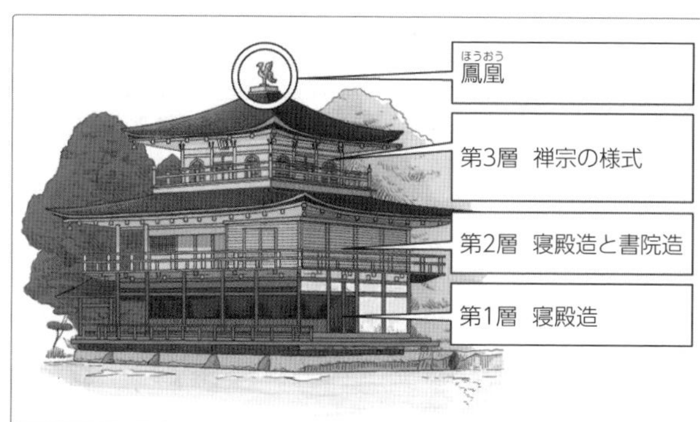

[金閣]
３代将軍義満によって建てられた。いちばん下の第１層は寝殿造、第２層は寝殿造と書院造、最上層の第３層は禅宗の様式。

また、平安時代から続いていた物まね芸の猿楽や、田植えの際に庶民の間に広がった田楽などの芸能を、観阿弥・世阿弥親子が芸術の域まで高め、能（能楽）にバージョンアップさせる。

さらに、鎌倉時代に臨済宗の栄西が宋からもたらした〝茶を飲む習慣〟は、茶の産地を当てるイベントがおこなわれるほどに発展して、流行するよ。現在、日本人がお茶を飲む習慣は室町時代に広がったわけだね。

15世紀後半からは、簡素で気品のある文化が発展する。書院造では床の間が設けられ、書画や生け花が飾られるようになる。これは現在、和室として受け継がれているよ。

絵画では宋や元でさかんだった墨一色で自然などを表現する水墨画が禅宗の僧を中心に描かれ、なかでも雪舟が日本の水墨画を完成させた絵師として有名だ。また、龍安寺の石庭のような、石や木を自然の風景に見立てる庭園も禅の精神によってつくられる。

8代将軍となった足利義政は、政治にはまるで関心がないダメ将軍として有名だけど、文化への関心は高く、京都の東山に慈照寺の**銀閣**を建てる。義政の時期の文化を**東山文化**というよ。

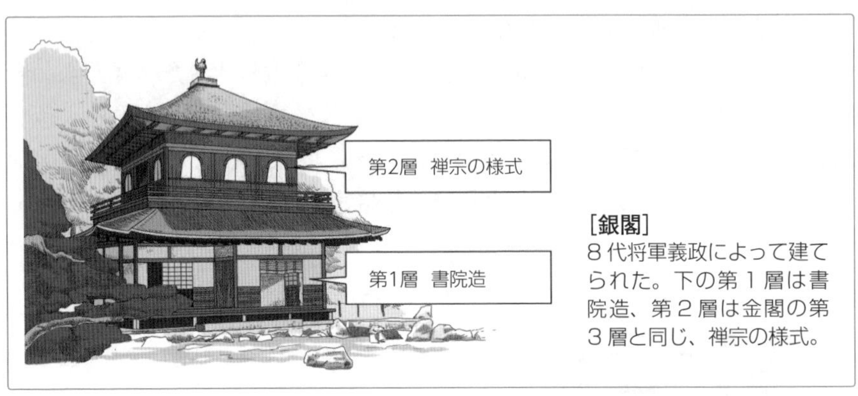

[銀閣]
8代将軍義政によって建てられた。下の第1層は書院造、第2層は金閣の第3層と同じ、禅宗の様式。

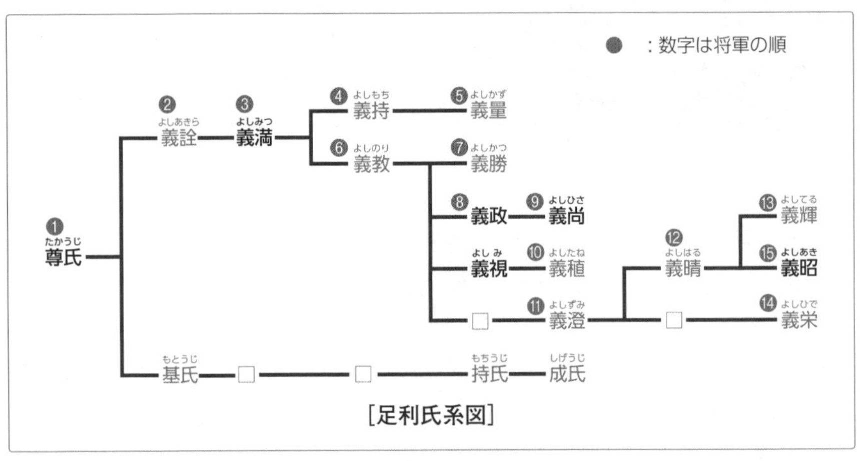

[足利氏系図]

民衆が豊かになっていくにつれて、室町文化は貴族や武士から民衆にも広がっていく。能が各地の農村の祭りでもよく演じられるようになり、その能の合間には民衆の生活や感情を話し言葉であらわしたこっけいな劇、狂言が演じられた。これは、いまでいう芸人の〝コント〟のようなものだね(笑)。

鎌倉時代に生まれた仏教のうち、浄土真宗は、蓮如が教えを広めて、北陸地方で信者が増える。日蓮宗は、京都や堺などの町衆の間で広がる。

また、武士や都市の有力者は、子どもに寺での教育を受けさせるようになる。御伽草子は知っているかな？　「浦島太郎」や「一寸法師」なんかが有名だね。御伽草子はいわゆる人びとの夢や願いをこめた絵本だ。これが学習教材として、よく読まれるようになる。

また、戦国大名の上杉氏に保護された足利学校（栃木県）では、日本全国から集まった生徒が中国の学問である儒学を学んだり情報交換をしたりして、その知識が各地に広まっていくんだ。

日本人はけっこう勉強好きだったんだね。

農村・商業の発展と室町文化のポイント

- 農村では自治をおこなう**惣**や、領主に集団で押しかける**一揆**がおこる
- 商人たちは同業者ごとに**座**をつくり、製造や販売の独占権を得る
- 義満のころ**金閣**など**北山文化**、義政のころ**銀閣**など**東山文化**が栄える

テーマ

17 応仁の乱と戦国大名

応仁の乱

15世紀半ば、クジ引きで選ばれた6代将軍足利義教が守護大名に暗殺されると、政治の実権が管領の細川氏と、有力守護大名である山名氏に移り、この両氏が対立しはじめる。

そして8代将軍、足利義政のあとつぎ問題をめぐり、義政の弟の義視に細川氏が、子の義尚にその母の日野富子と山名氏がついて戦いが始まる。

義政は趣味に夢中で政治にはまったく無関心。あとつぎも指名しないで争いをほったらかしにしていたので、**1467（応仁元）年、全国の守護大名が東軍、西軍にわかれた大戦争になる**。戦場になった京都の町は焼け野原になってしまう。そしてその後、なんと11年もかけて戦いが全国に広がっていく。この戦乱を**応仁の乱**というよ。

ゴロあわせ

応仁の乱のはじまり

「人(ひと)の世(よ)むな(1467)しい、応仁の乱」

これまでは馬に乗った武士たちが戦力の中心だったんだけど、この戦いでは、**足軽**と呼ばれる歩兵集団が機動力を発揮して活躍する。この後の戦術に影響を与えることになるよ。

また、地方社会にも新たな動きが出る。

山城（京都府）では、武士と農民が一体となって守護大名の畠山氏の軍を追い払うという山城国一揆をおこし、8年間にわたって自治をおこなうんだ。さらに84ページでも触れたけれど、浄土真宗（一向宗）の信仰で結びついた武士や農民たちが各地で一揆をおこして、加賀（石川県）では守護大名を攻めほろぼして、なんと約100年間も自治をおこなう。信仰の力ってすごいよね。

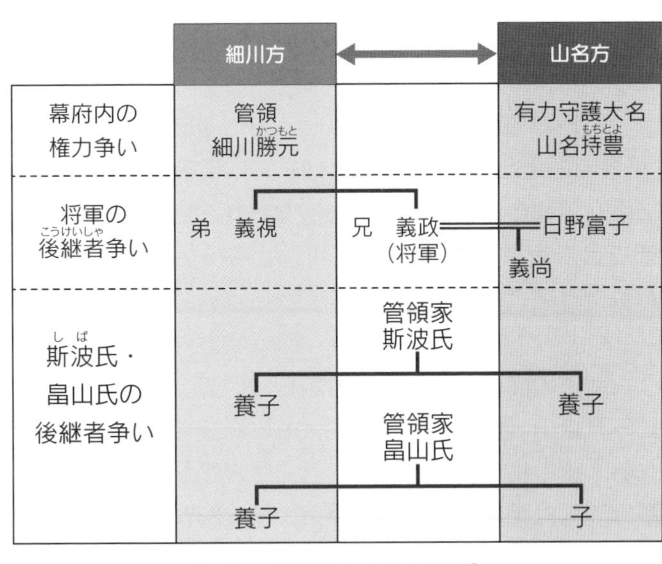

［応仁の乱開始時の対立関係］

戦国大名の登場と城下町

応仁の乱をきっかけにして、時代はいよいよ**戦国時代**に突入していく。

将軍は京都周辺のわずかな土地を支配するだけになり、天皇や貴族、寺社などの領地も各地の有力な武士たちに奪われる。**実力のある者が身分の上の者に打ち勝つ下剋上**の風潮が広がって、力のある武士が守護大名の地位を無理やり奪って実権をにぎったり、守護大名がパワーアップして**戦国大名**になったりする例が、各地で起きはじめるんだ。

戦国大名は名前のとおり〝戦う大名〟だから、これまでの土地を守るだけの守護大名とは違って攻撃的だ。近くの大名との戦争に備えて、領国の武士をまとめて軍隊を強化する。それまでは山に築いていた城を移動しやすい平地に築くようになり、城の周辺に家来を集め、商工業者を呼び寄せて**城下町**もつくるよ。戦力を高めるには地元の商業を発展させて、お金を集めることも大事だからね。

また、荘園領主を認めず、自分たちに領国内だけの独自ルールである**分国法**を定めて、領内の武士や領民の行動を取り締まって、農業や商業を発展させていくよ。

いっぽう、各地の都市も大きく発展し、自治組織がつくられる。日明貿易や日朝貿易で栄えた博多や堺（大阪府）、応仁の乱から復興した京都では、寄合によって都市独自の政治がおこなわれ、自治都市として成長していく。京都で自治を進める町衆と呼ばれる裕福な商工業者によって盛大におこなわれた祇園祭はいまでも続いているよ。

このような都市の商人は戦国大名と結びついて、産業をさかんにしていく。とくに石見銀山（島根県）は戦国大名に保護され、博多の商人によって開発される。銀の精錬技術が改良され、生産量が増加。ここで産出された大量の銀は海外に輸出され、世界中に大きな影響を与えていくんだ。

応仁の乱と戦国大名のポイント

- 義政のあとつぎ問題を機に、守護大名が東西にわかれ**応仁の乱**が起きる
- 応仁の乱から**戦国時代**になると、**下剋上**が広がり**戦国大名**が生まれる

第3部

近世の日本

第8章

ヨーロッパ諸国の世界進出

第9章

安土桃山時代

第10章

江戸時代

第8章

ヨーロッパ諸国の世界進出

室町時代までの日本は、海外の交流相手といったら中国と朝鮮がほとんどだったよね。それが近世になるとヨーロッパの国がアジア諸国や日本と積極的に接触しはじめるようになるんだ。その理由は、ヨーロッパ諸国がアジアに直接到達できる航路の開拓に成功し、キリスト教徒が海外での布教活動を積極的におこないはじめるからだ。キリスト教はヨーロッパの人々の精神的な支えであり、歴史を動かす原動力になってきた。ヨーロッパの歴史は、キリスト教の歴史を軸に見ていくと理解しやすいよ。

フローチャート ヨーロッパの時代区分

- **中世：キリスト教会**
  - 》》 カトリック教会の勢力拡大
  - 》》 イスラム教勢力の拡大、十字軍の遠征

▼

- **ルネサンス期：プロテスタント**
  - 》》 ルターの宗教改革 》》 プロテスタントの出現

▼

- **大航海時代：スペイン、ポルトガル、オランダ**
  - 》》 スペインの黄金時代 》》 オランダの独立と台頭

「カトリックをプロ(プロテスタント)がおさえて、大後悔(大航海時代)」

カトリック教会の勢力を、プロテスタントという反対勢力がおさえはじめると、カトリック教会はプロテスタントやイスラム教に対抗するため、海外に進出する。やがて新航路が開拓されると、大航海時代の幕開けとなる。

テーマ18 ヨーロッパ世界の成立と拡大

ヨーロッパ世界の成立

ここで、395年まで一気にさかのぼり、ヨーロッパの歴史を古代ローマ帝国がほろびたところから見ていこう。

このころ、大きな変化が2つあった。

1つは、ヨーロッパ全体をまとめるローマ帝国がなくなった代わりに、キリスト教会が人びとの精神的な支えになったこと。仏教にいろんな宗派があるように、キリスト教もいろいろわかれているんだけど、そのなかでも**ローマ教皇**（法王）を中心とした**カトリック教会**の勢力が主流となっていたんだ。西ヨーロッパ諸国の王や貴族、都市はカトリック教会と結びついて勢力を拡大していくよ。

もう1つの変化は、アラビア半島や西アジアを中心に、イスラム教が広まったことだ。イスラム教は預言者ムハンマドが説いた教えで、北アフリカからヨーロッパの一部、東南アジアまで広がる。

イスラム教勢力はキリスト教の聖地、エルサレムを支配して、これに対してキリスト教徒の危機感が高まっていく。そして11世紀から13世紀にかけ、ローマ教皇の呼びかけでキリスト教徒の軍隊が編成されるんだ。これを十字軍と呼ぶよ。エルサレムを取り戻すために数回にわたって十字軍が遠征するものの、失敗に終わり、ローマ教皇の影響力が低下する結果となる。

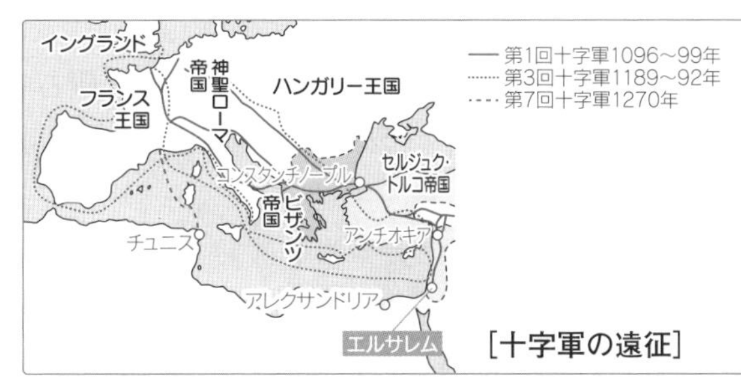

[十字軍の遠征]

ルネサンスと宗教改革

14世紀ごろになると、イタリアで、古代のギリシャ・ローマ時代の忘れられていた文化や芸術を復活させようとする動きが始まる。これを文芸復興（再生）という意味で**ルネサンス**と呼ぶよ。

［モナ・リザ］
レオナルド・ダ・ビンチ作

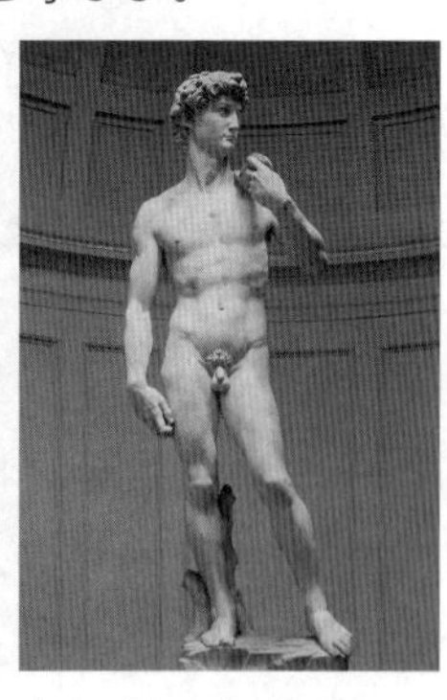

［ダビデ像］
ミケランジェロ作

これによって西ヨーロッパの精神的な支えだったカトリック教会に対して、さまざまな批判が向けられるようになるんだ。そしてそこから、キリスト教会の教えと異なる人間性を表現する美術、さらに天文学や地理学のような科学も発達していく。「地球って丸いんだよ」という地球球体説にもとづく世界地図や、中国で発明された羅針盤も改良される。羅針盤というのは方位をあらわすコンパスのことだよ。船で航海するときの必需品であり、人類の三大発明の1つといわれているんだ。

そんなふうにいわれると、三大発明のあと２つが気になります……。

でしょ(笑)。あと2つは活版印刷術と火薬だよ。これらも中国からイスラム世界を経由して、ヨーロッパに伝わって実用化されるんだ。

16世紀はじめに教皇がローマの大聖堂を改築するために免罪符を売り出す。この免罪符というのは、教会でざんげをしてお金を納めれば、その人のおかした罪が許されるというものだ。教会が金儲けのために考え出したことだね。

これを宗教家のルターやカルバンが批判する。カトリック教会への反対運動を起こし、新しいキリスト教の宗派をつくるんだ。このことを**宗教改革**といって、ヨーロッパ全土に広がっていく。こうした運動に賛同する人たちのことを「抗議する者」という意味の**プロテスタント**と呼ぶよ。

[ルター]

[カルバン]

宗教改革でゆらいだカトリック教会は、体制を立て直すためにカトリックの教えを再確認し、積極的に布教をするようになる。

布教を目的としたイエズス会が、ヨーロッパだけでなく、この後の航路開拓で発見するアジアやアメリカにも宣教師を派遣するよ。こうして日本にもカトリック教会のキリスト教が伝えられることになるわけだ。

航路開拓とヨーロッパの拡大

15世紀末、ヨーロッパ人はイスラム教に対抗してキリスト教を広め、アジアの香辛料などを手に入れるために、船で直接アジアに行くための航路の開拓を進める。

そしてついに、バスコ・ダ・ガマがアフリカ大陸の南端、喜望峰をまわってインドに到達する。海路でインドに行けることがわかり、ポルトガル人は東南アジア・中国・日本にも来航するようになるんだ。

さらにスペイン人はポルトガルに対抗して、西まわりでアジアに行く航路を開拓するために、イタリア人の**コロンブス**を支援する。

1492年、コロンブスは大西洋を横断して独自の文明が栄えていたアメリカ大陸に到達。16世紀になるとスペイン人はアメリカを武力で征服し、先住民を使って開拓を進め、アメリカ大陸はヨーロッパ人の支配する**植民地**になる。**植民地というのは、侵略で得た海外の領土のこと**だ。今後何回も出てくる言葉だから、おぼえておいてね。

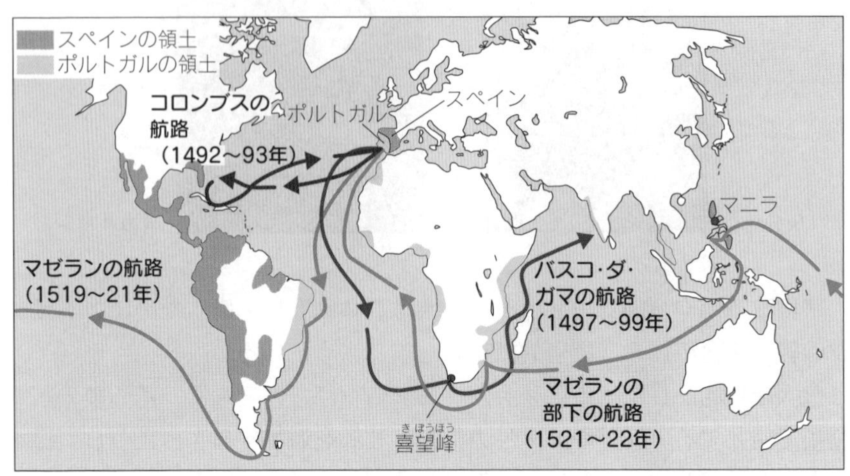

［新航路の開拓］

1522年、スペインは**マゼラン**を援助して、マゼランの船隊は世界一周に成功する。世界に領土を広げたスペインは、「日の沈むことのない帝国」と呼ばれるほどで、ヨーロッパとアジアを結ぶ貿易を独占するんだ。

ところが、16世紀末にスペイン領からプロテスタントの多いオランダが独立。17世紀になると、オランダはヨーロッパの貿易や金融の中心として栄え、東インド会社を設立。積極的にアジアに進出するんだ。ポルトガルを追い出して、ヨーロッパのアジア貿易を支配するようになるよ。

ヨーロッパ人との出会い

さて、ここで話を日本に戻そう。

ポルトガル人がアジア貿易を独占していたころ、日本は戦国時代のさなかだった。1543年、ポルトガル人を乗せた中国の船が九州に流れ着く。このときに日本に**鉄砲**が伝わるんだ。「てっ『ぽ』う」だから「『ポ』ルトガル人」から伝わったんだよ(笑)。

鉄砲は戦国大名に注目され、堺（大阪府）や国友（滋賀県）などの刀鍛冶職人が大量生産を始め、全国に広がっていく。数十年後、なんと日本は世界一といわれるほどの数の鉄砲を持つ国になるんだから、日本の職人の技術ってすごいよね。

鉄砲が広まると、合戦で足軽の鉄砲隊が活躍するようになって、城づくりも鉄砲に備えたものになっていくよ。足軽を忘れた人は88ページを見直しておいてね。

鉄砲の伝来
「鉄砲持って行こーよ、さあ(1543)」

鉄砲の伝来は1542年という説もあります。

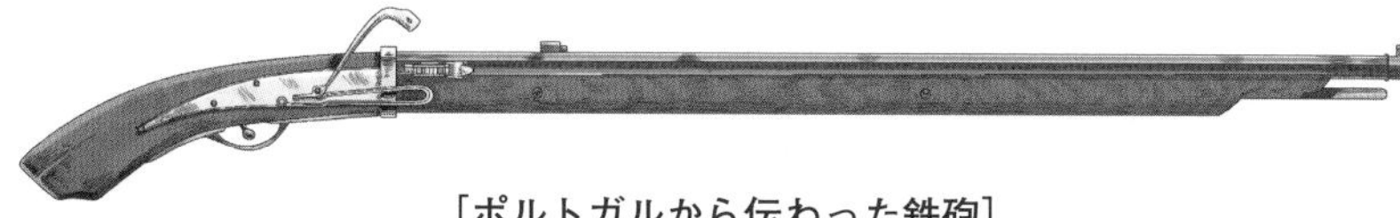

[ポルトガルから伝わった鉄砲]
火縄と呼ばれる導火線に点火して火薬を破裂させ、
その勢いで弾丸を発射させるしくみ。火縄銃という。

1549年には、イエズス会の宣教師**フランシスコ・ザビエル**が鹿児島に上陸し、日本にキリスト教をはじめて伝えるよ。大名のなかには貿易の利益を得るためにキリスト教徒（キリシタン）になる者もいて、キリシタン大名と呼ばれるよ。

[フランシスコ・ザビエル]

そして1582年、イエズス会がキリスト教布教の成果を示すため、伊東マンショなど４人の少年を、キリシタン大名が派遣する使節としてローマ教皇のもとへ連れていく。これを天正遣欧少年使節といって、少年たちはヨーロッパ各地で熱烈な歓迎を受けるんだ。

ゴロあわせ

キリスト教の伝来
「以後よく(1549)伝わるキリスト教」

16世紀の後半になると、ポルトガル商人は貿易の相手国として日本に注目し、平戸（長崎県）や長崎などで貿易が始まる。輸入品は生糸や絹織物など中国産の品物が中心だけど、毛織物や時計、ガラス製品などヨーロッパの品物などもある。日本はおもに銀を輸出するよ。

当時、ポルトガル人やスペイン人は**南蛮人**と呼ばれていたので、この貿易を**南蛮貿易**という。

ヨーロッパ世界の成立と拡大のポイント

- 古代ローマ帝国がほろびたのち、**カトリック教会**の勢力が主流となる
- **ルネサンス**と**宗教改革**を経て**プロテスタント**が生まれる
- 航路を開拓したヨーロッパ諸国は海外進出し、日本に**鉄砲**とキリスト教を伝える

第9章 安土桃山時代

応仁の乱の後、すっかり力を失った幕府に代わり、下剋上で成り上がった戦国大名たちの天下取り争いレースがくり広げられる。そこから、ひとり抜け出したのが織田信長だ。彼もまた歴史上の「超」有名人、ドラマやゲームでもおなじみだね。信長は反対勢力を片っぱしから武力でたたきつぶしていく。そんな信長は全国統一まであと一歩のところで家臣に攻められ自害。そして信長のあとをついだ豊臣秀吉が全国統一を成し遂げる。戦国大名たちが武力で領土を奪いあう戦国時代が終了するところまでを見ていこう。

フローチャート 安土桃山時代の区分

● 安土桃山前期：織田信長
- 足利義昭を追放し室町幕府がほろびる
- 本能寺で信長が自害する

● 安土桃山後期：羽柴（豊臣）秀吉
- 検地（太閤検地）を始める
- 刀狩で兵農分離をはかる

「信長、秀吉、全国統一」

この安土桃山時代の章は、信長が室町幕府と反対勢力をほぼ倒し、全国統一の目前で権力のバトンが秀吉に渡る。秀吉によって戦国時代が終わり、全国が統一されるという流れだよ。

テーマ

19 全国統一

織田信長の統一事業

尾張（愛知県）の小規模な戦国大名だった**織田信長**は、駿河（静岡県）の大名、今川義元の大軍を桶狭間（愛知県）でほろぼし、15代将軍足利義昭を利用して京都に入る。自分に従わない勢力にはどんな相手でも手加減せず、比叡山延暦寺を焼き打ちし、越前（福井県）や伊勢（三重県）の一向一揆をほろぼす。

さらに仏教勢力への対抗策として、キリスト教を保護する。軍資金の提供を断った自治都市、堺からは自治権を奪って直接治める直轄地にするよ。そして1573年、足利義昭を京都から追放。こうして、200年以上続いていた室町幕府は消滅する。

ゴロあわせ　**室町幕府の滅亡**
「以後、なみ(1573)だの足利氏」

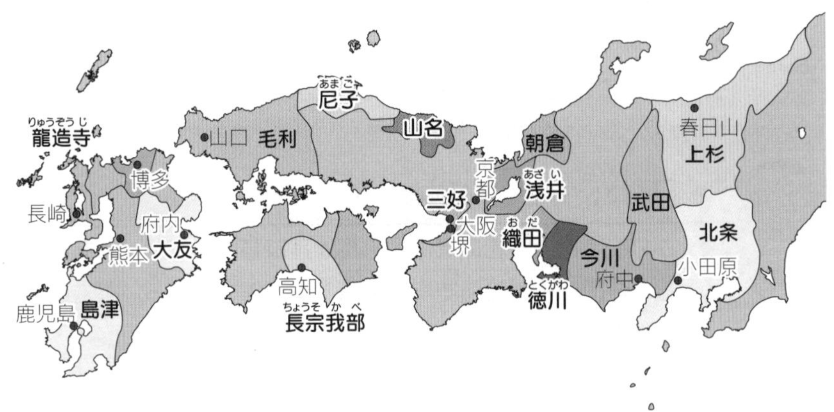

[おもな戦国大名の勢力(1560年／桶狭間の戦い直前期)]

さらに信長は鉄砲をうまく活用した戦いによって、甲斐（山梨県）の有力な大名、武田勝頼を長篠の戦い（愛知県）で破ると、近江（滋賀県）の安土に城を築いて本拠地にする。長篠の戦いは、織田の足軽鉄砲隊が、無敵と言われていた武田の騎馬軍団を圧倒した有名な戦いだよ。

また、信長は商業を発展させるために安土城城下の税を免除する。室町時代にできた製造や販売を独占する権利を持った商人の組合、座も認めなかった。これを**楽市・楽座**の政策というよ。

座を認める見返りに、お金をとるということをしないんですね？　信長は何がねらいなんでしょうか？

楽市・楽座によって、新たに大勢の商人が安土城城下に集まってくるよね。そうすると商業が活発化し、結局、信長のもとに入ってくるお金が多くなる、という逆転の発想だ。

信長は農業ではなく商業を重視した日本初の武将としても知られているよ。関所も廃止して、通行税を払わなくても人びとが行き来できるようにする。各地の特産品などが流通しやすくなるわけだ。こうして、都市がさらに栄えるいっぽう、関所や座の支配を通じて利益を得ていた貴族や寺社の力は弱まっていくから、信長のねらいどおりだね。

ところが、そんなすごい勢いで全国統一を進める信長は1582年、家臣の明智光秀にそむかれ、本能寺（京都府）で自害する。これを**本能寺の変**という。

光秀は信長からの信頼が厚かったとされるのに、信長を襲ったのはなぜだろう？　じつは信長にうらみを持っていたとか、後に登場する家臣の豊臣（羽柴）秀吉や徳川家康が働きかけたとか、さまざまな陰謀説もあるんだけど、真実は謎のままだ。

豊臣秀吉の統一事業

信長の家臣である有力な武将、羽柴秀吉は本能寺の変を知ると大急ぎで京都に向かい、明智光秀を倒す。

その後、信長の後継者争いに勝利すると、京都に近くて経済の中心地である大坂に巨大な大坂城を築いて全国統一の本拠地にする。

その実績が朝廷に認められて、秀吉は関白・太政大臣という朝廷の最高官職に任命され、**豊臣秀吉**と名乗る。秀吉はもと農民だから、日本の歴史上、最高に出世した人物といえる。そして、天皇の命令というかたちをとって、全国の戦国大名に惣無事令という停戦命令を出して統一事業を進めるよ。1587年には九州の統一目前の島津氏を降伏させる。

その後、秀吉はキリスト教の宣教師を国外に追放する。信長は仏教勢力に対抗するためにキリスト教を保護したよね。秀吉もはじめは同じようにキリスト教を保護するんだけど、キリシタン大名の大村純忠が長崎をイエズス会に寄付したことなどを知り、方針を転換する。キリスト教の勢力が強くなりすぎたことを警戒するわけだ。ただ、南蛮貿易は積極的におこなわせて、キリスト教自体の禁止は徹底しないよ。

1588年には農民や寺社から刀、弓、鉄砲などの武器を取り上げる**刀狩令**を出す。農民の子の秀吉は、武士、そして天下人へと成り上がったんだけど、農民と武士が区別されるようになってからは、このような大出世はなくなったわけだ。

刀狩令
「以後ぱっぱ(1588)と刀を没収、刀狩」

秀吉は、1590年に小田原（神奈川県）の北条氏をほろぼし、奥州（東北地方）の伊達氏を従え、信長の果たせなかった全国統一を、とうとう実現させるんだ。信長と秀吉の時代を**安土桃山時代**というよ。

それでは、全国統一を成し遂げた秀吉の政策を見てみよう。

まず、全国の田の広さや土地のよしあし、予想される生産量を調べる。こうしたことを検地というよ。そして、太閤と呼ばれている秀吉がおこなった検地は**太閤検地**というよ。検地にあたって、それまでバラバラだった「ものさし」や、年貢米をはかる「ます」の大きさを、京都で使われていたものに統一する。これによって、全国で検地をするための統一的な基準ができるんだ。

検地って、ただ土地を調べるだけですか？　秀吉にはどんなメリットがあるのでしょうか？

検地によって、支配者にとってやっかいだった全国の荘園を処分することができた。そして、大名の領地は統一基準となった石高によってあらわされるようになり、戦いのときの役目が決められるようになったんだ。これを石高制というよ。

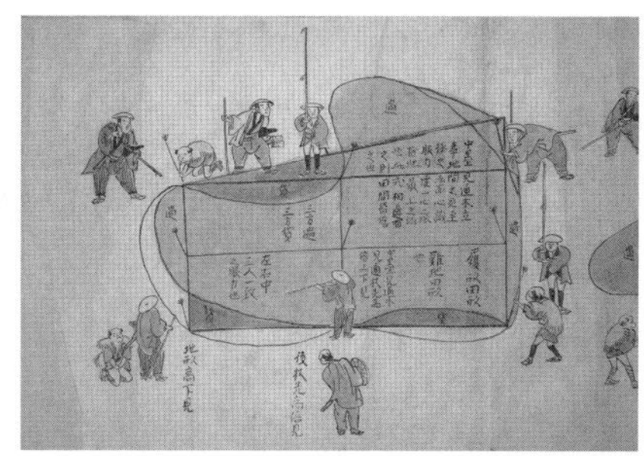

[江戸時代の検地の様子]

また、耕作する農民に土地の所有権を認め、その代わりに年貢を納める義務を負わせたんだ。こうすることで、今まで荘園領主が持っていた土地の権利が否定され、奈良時代の墾田永年私財法以来の荘園制度が完全に消滅するんだ。

こうして秀吉は、刀狩と検地によって、それまであいまいだった武士と農民の身分の差をはっきりさせる、**兵農分離**を進める。武士は領地を離れ、城下町に集められ、農民は農村に住むように決められる。さらに、農民には土地を捨てて武士のもとについたり、町人になったりすることを禁じて、村に住ませた。武士は城下町に集められ、その生活を支える商人や職人も城下町に集められるんだ。このような兵農分離は次の時代に引き継がれ、武士が強い権力を持つ近世社会の基本になっていくよ。

1592（文禄元）年、秀吉は明やインドの征服を夢見て、その足がかりとして約15万の大軍を朝鮮に送って首都の漢城（ソウル）を占領する。さらに朝鮮北部に進むものの、李舜臣の率いる水軍、明の援軍、朝鮮各地の民衆の反撃によって苦戦し、休戦して退却する。これを文禄の役というよ。

ゴロあわせ

文禄の役
「異国（いこく）に（1592）出兵、文禄の役」

さらに1597（慶長2）年、秀吉は家臣の反対を押し切って再び朝鮮出兵をおこなう。しかし、翌年秀吉は病死し、これによって全軍退却する。これを慶長の役という。

ゴロあわせ

慶長の役
「以後、来るな！（1597）と言われる慶長の役」

この7年、二度にわたる無茶な出兵は、武士だけでなく農民の負担も大きく、大名たちの対立も表面化する。鎌倉幕府も外国、元との戦いで消耗して滅亡にいたったけど、豊臣家もまた同じように、この出兵が滅亡につながっていくことになるわけだね。歴史はくり返される。

少しくわしく

陶磁器のルーツ

日本軍は数万人といわれる朝鮮人を日本に連れて帰り、そのなかにいた学者や職人によって、儒学（朱子学）や陶磁器の技法が日本に伝わりました。陶磁器の技法はのちに萩焼（山口県）・有田焼（佐賀県）・薩摩焼（鹿児島県）など日本各地でさまざまな焼き物として発展しました。

桃山文化と南蛮文化

全国を統一する政権ができた安土桃山時代は、それまでの社会のしくみがこわされ、社会にエネルギーがみなぎる時代だ。

信長や秀吉の政策によって商業や貿易がさかんになるし、金や銀の産出も増加する。下剋上で成り上がった大名や大商人たちが、その権力や経済力で豪華な生活を送りはじめる。そんな時代に栄えた文化を**桃山文化**と呼ぶ。

テストの文章の中に「力強く、豪華ではなやかな文化」と書かれていたら、それは桃山文化のことをさしていると思っていいよ。

この文化の代表的なものは、なんといっても城だ。信長の安土城や秀吉の大坂城など、支配者は自分の権威をアピールするために巨大な城を建てさせる。このことは、古代の古墳に通ずるものがあるでしょ。歴史は……、そう、くり返されるんだったね(笑)。

[大阪城（大坂城）]

[唐獅子図屏風]
狩野永徳作。
たて 224cm、横 453cm という大きさで、背景には金ぱくを使った豪華な作品。

城の室内は書院造が取り入れられ、ふすまや屏風には狩野永徳や弟子の狩野山楽たちのような画家によって、はなやかな絵が描かれるよ。

大名や大商人たちの間では茶の湯が流行して、交流の場になる。また、茶道具の価値が認められて、中国から渡来した評価の高いものは、一国一城に等しい価値を見出されたから驚きだよね。豊臣秀吉に仕えた**千利休**は名誉や富よりも精神的な内面を重視し、質素な茶の作法を完成させた人物として有名だよ。小さな茶室で向きあう侘び茶を完成させる。でも、結局秀吉に命じられて自害してしまう、という最期となる。

今まで見てきた時代は戦乱や疫病などの社会不安が高く、それぞれの時代の文化は人びとの心を安定させる仏教との結びつきが強かったよね。この時代は全国が統一されて人びとの安心感が高まったので、社会全体に今の生活を楽しむ風潮が広がった。

たとえば、恋愛などをうたう小歌が流行し、室町時代に琵琶などにあわせて恋物語などを語った浄瑠璃が、琉球（沖縄県）から伝わった三線をもとにつくられた三味線にあわせて語られるようになったよ。17世紀はじめには「出雲大社の巫女」というキャッチフレーズで出雲の阿国という女性が京都で始めたかぶき踊りが大流行。今でいうアイドルのようなものだね。これで歌舞伎がさかんになって、真似する女性が続出するんだ。ちなみに、出雲は現在の島根県だよ。

［阿国歌舞伎］

また、このころおこなわれた**南蛮貿易**の影響で**活版印刷術**が伝えられ、聖書だけでなく、ローマ字の『平家物語』や『伊曽保物語』が印刷される。『伊曽保物語』は古代ギリシャのイソップ物語を翻訳したものだ。ヨーロッパ風のファッションスタイルも流行するよ。キリスト教徒でなくても十字架を首からさげるのがはやるあたりは、今と変わらない感覚だよね。

宣教師たちによって天文学や医学、航海術など新しい学問や技術も伝わるよ。服装ではズボン、マント、ボタンなど、食べ物ではパンやカステラ、習慣ではタバコなども日本に伝わったよ。

このように、ヨーロッパの文化から影響を受けて成立した芸術や流行を**南蛮文化**という。

全国統一のポイント

- 1573年、**織田信長**が足利義昭を京都から追放し、室町幕府が消滅
- 信長が**本能寺の変**で自害した後、**羽柴（豊臣）秀吉**が天下を統一する
- 秀吉は**刀狩**と**検地**によって**兵農分離**を進め、朝鮮出兵で力を失う

第10章 江戸時代

平和な時代が長く続く江戸時代は、3つの時期にわけると整理しやすい。まずは、3代将軍家光までの時期。豊臣家をほろぼしたあと、大名や朝廷、農民をコントロールするための法令をつぎつぎに出して支配を強める。鎖国によって外国との交流も制限するよ。

次に8代将軍吉宗から始まる三大改革の時期。財政再建のためにいろいろな改革をするよ。最初の改革はうまくいくんだけど、その後うまくいかなくなる。そして、最後は外国船がやってきて開国し、国内の幕府を倒そうとする勢力が強くなっていく幕末期だ。

フローチャート 江戸時代の区分

江戸初期：家康・家光の時代

- 徳川家康が征夷大将軍になり、江戸幕府を開く
- 徳川家光のときに参勤交代が始まり、鎖国を開始

江戸中期：三大改革の時代

- 徳川吉宗が享保の改革をおこなう
- 松平定信が寛政の改革をおこなう
- 水野忠邦が天保の改革をおこなう

江戸後期：幕府の滅亡

- 井伊直弼が日米修好通商条約を結ぶ
- 徳川慶喜が大政奉還をおこなう

初代「家」康・3代「家」光、5代綱吉（つな「よし」）・8代吉宗（「よし」むね）、15代慶喜（「よし」のぶ）

江戸幕府の徳川将軍家は15代まで続くけど、テストに出るのはだいたい初代と3代の「家」コンビと、5代・8代・15代の「よし」トリオだ。

テーマ20 江戸幕府の成立と支配のしくみ

江戸幕府の成立

1600年、豊臣秀吉の子、秀頼の政権を守ろうとする石田三成などの大名が、実権を得ようと動きはじめた関東の**徳川家康**を倒すために兵をあげる。全国の大名が、石田三成をトップとする**西軍**と、徳川家康をトップとする**東軍**にわかれて戦うことになる。これが「天下分け目の戦い」といわれる**関ヶ原**（岐阜県）**の戦い**だ。この戦い、なんと半日で決着する。11年もかけて、結局、決着がつかなかった応仁の乱（88ページ）とは大違いだね。決め手は、西軍の小早川秀秋の裏切り。つまり、東軍への寝返りだ。**この戦いに勝利した家康は全国支配の実権を得て、1603年に朝廷から征夷大将軍に任命されて江戸（東京都）に幕府を開く。**江戸に開く幕府だから**江戸幕府**といって、260年以上続く**江戸時代**がスタートするよ。

家康は、関ヶ原の戦いで西軍の石田三成についた多くの大名の領地を取り上げて、味方として戦った大名に分け与えると、将軍の位を子の秀忠にゆずる。徳川家が今後、代々将軍になることを示すわけだ。

でも、大坂城にはまだ豊臣家の秀頼がいる。大坂城に旧勢力が集まることを恐れる家康は1614年、1615年の二度にわたって攻め、豊臣家を完全にほろぼす。これを大坂の陣というよ。そしてこの後、長らく大きな戦いがない、世界でもあまり例にないくらい平和な徳川の時代が始まるんだ。

では、江戸時代の政治のしくみを紹介しよう。

トップはもちろん将軍だ。そして老中が将軍のサポートをおこない、その下に若年寄がつく。重要な政策が決定されるときには、臨時で大老が任命されることもあるよ。また、寺社奉行、町奉行、勘定奉行という三奉行をはじめとする多くの役職が置かれる。

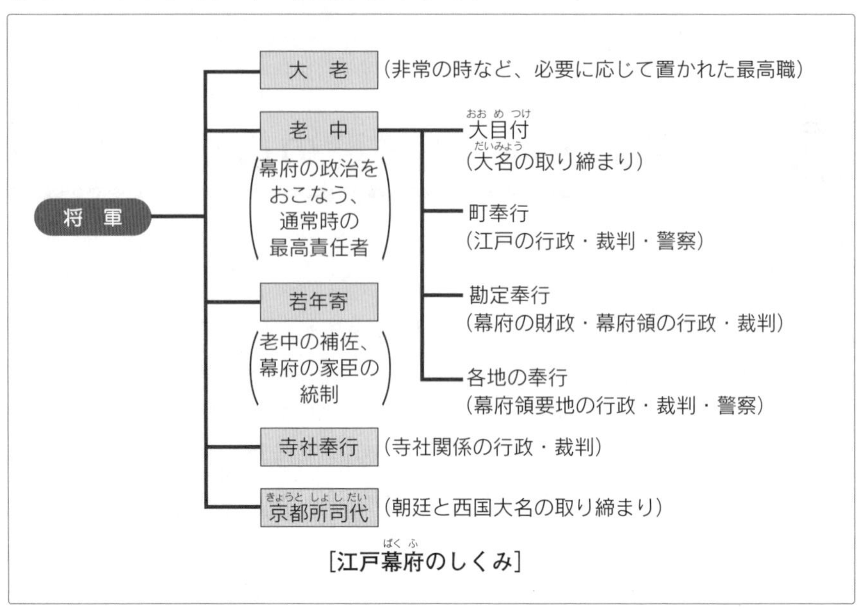

[江戸幕府のしくみ]

幕藩体制の確立

江戸幕府の直接の支配地を幕領というんだけど、これが約400万石になる。これに家臣のなかでも直接将軍に会うことのできる旗本、できない御家人の領地を合わせると全国の約4分の1になる。さらに幕府は大坂・京都・奈良・長崎などの都市、金銀がとれる鉱山などの重要な場所を直接支配して、貨幣の鋳造権を独占して、大きな経済力を持つよ。

交通も整備して管理を強化する。江戸の日本橋を中心に各地にのびる5つの街道、五街道を整えて途中には宿場を置いたり、箱根などに関所を置いたりするんだ。宿場というのは名前のとおり、旅人が泊まる宿のことだよ。また、となりの宿場から運ばれてきた荷物や手紙などを、次の宿場に運ぶという大切な役目もある。

また、江戸幕府は軍事力も強力だ。将軍直属の家臣である旗本や御家人に領地や米を与え、幕府の役職につけ、直属の軍隊とする。

江戸時代の大名とは、将軍から**1万石以上の領地を与えられた武士**のことで、大名の領地と、その領地を大名が支配するしくみを**藩**という。そして幕府が大名、藩を支配するしくみを**幕藩体制**というよ。

大名は3つのランクにわけられる。いちばん上のランクが将軍家の親戚である**親藩**。親藩は紀伊・水戸・尾張を治め、御三家と呼ばれたよ。「キミとはおわり！（紀伊・水戸・尾張）」っておぼえよう(笑)。親藩大名は江戸の近くや重要な場所に配置された。幕府に逆らう心配のない身内で江戸の周辺を固めるわけだね。次に、昔から徳川氏に従ってきた大名の**譜代大名**。譜代大名は関東から近畿あたりまでの、江戸にやや近い場所に配置された。

そして関ヶ原の戦い以後に徳川氏に従った大名である**外様大名**。外様大名は信用できないので、東北・四国・九州地方など江戸から遠い地に配置するといった工夫がされるよ。幕府の役職には譜代大名や旗本を登用し、外様大名を用いることはほとんどないんだ。

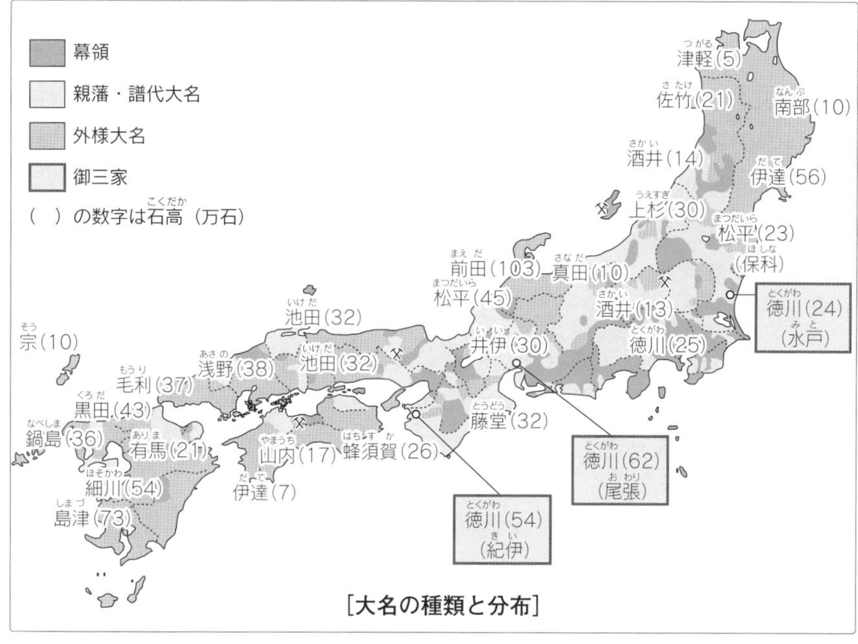

[大名の種類と分布]

幕府による統制

1615年、家康は武家諸法度という法律を定める。この法律は**大名が許可なく城を修理したり、大名どうしが無断で縁組みをしたりすることを禁止**するんだ。

縁組みって大名の子どもたちが結婚することですよね。城の修理もそうですが、とくに悪いことではなさそうですけど？

戦国の世の中をやっと終わらせた家康がいちばん心配だったのは、どんなことだかわかるかな？　それは、幕府に対する反対勢力が大きくなって、また戦争になることなんだ。だから、大名どうしが婚姻関係で結びついて勢力を拡大したり、城を修理することで軍事力を高めたりするのを警戒するわけだ。この法律にそむいた大名には、領地がえや、改易といって領地を没収するというような重い処分が下される。

また、3代将軍徳川家光は、**大名の妻子を江戸に移し、大名自身は1年おきに江戸と領地に住む**といった、参勤交代の制度を定める。これも、反対勢力の拡大を防ぐためだ。この法律が出されてから、大名たちは領地と江戸の往復や江戸で生活するための費用が大変なことになる。しかも江戸の屋敷に妻子を人質としてとられるので、領地に戻ってから幕府を倒すための兵をあげにくくなるわけだ。3代将軍の家光が始めた参勤交代、とおぼえておこう。

幕府は大名だけでなく、朝廷に対しても禁中並公家諸法度を定めて、天皇と朝廷の権力を弱める。寺社に対しても法度を定め、寺社奉行に監視させて、政治的な動きをさせないようにする。平家や鎌倉幕府滅亡の例から学び、反対勢力の封じこめを徹底するわけだ。

身分制度の確立

江戸幕府は秀吉の刀狩などの兵農分離政策を受けついだうえで、さらに武士と百姓（農民など）、町人（職人、商人）の身分にわけて、身分の上下を強める。

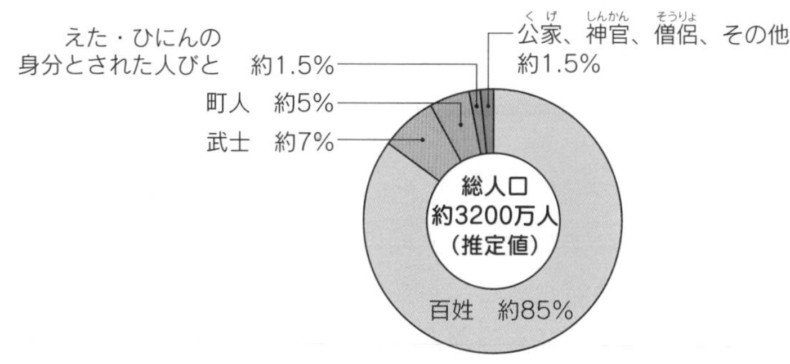

［身分別の人口割合（「近世日本の人口構造」）］

■ 武士

武士は支配身分として名字を得て、帯刀（刀を持つこと）が許され、領地や米で支給される俸禄というものを幕府から代々与えられる。その代わりに幕府に仕えて政治や軍事をおこなう義務を果たし、勇気や忠義を求める武士道という厳しい道徳を課せられるんだ。

少しくわしく　百姓と農民は同じではない

百姓＝農民、と考えがちですが、百姓すべてが農民というわけではありません。百姓は「百の姓（かばね）」と書くように、もともとはすべての職業という意味です。百姓には海産物をとって生活する漁民や、村の手工業者など、さまざまな職業の人びとも含まれます。

■ 百姓

百姓は**人口の約85%**で、生活は自給自足に近い。**百姓には、土地を持っていて年貢を納める義務を負った本百姓と、土地を持たない水呑百姓の区別がある**。さらに有力な本百姓は庄屋（名主）、組頭、百姓代という村役人になる。彼らは村方三役と呼ばれ、村の自治をおこなったり、年貢を集めて領主に納めたりするよ。村では、しきたりやおきてを破る者には、村八分という罰が与えられ、葬式などのほかは村人たちからつきあいを絶たれてしまうんだ。

さらに幕府は農民を5戸ずつにまとめて、互いに監視させ、年貢納入や犯罪防止に連帯責任を負わせる五人組の制度をつくったり、「田んぼを売ってはいけない」という禁止令を出したりもする。田を売って本百姓が減ると、それだけ年貢も減ってしまうからだ。家康は「年貢は百姓が死なぬよう、生きぬように取れ」と言ったと伝えられている。農民はまさに日々を生きるのに必死だったわけだ。

■ 町人

町人は商人と職人にわけられ、城下町などの定められた区域に住んで、幕府や藩に営業税を納めた。町役人が豊かな町人から選ばれて、町奉行のもとで町の政治をおこなうよ。

町の運営に参加できるのは地主や家持に限られて、その他の多くの借家人は日雇いや行商などで暮らした。商人の家で働く奉公人や、職人の弟子は幼いときから主人の家に住みこんで仕事をおぼえ、独立をめざすんだ。

百姓、町人とはべつに、えた、ひにんとされた人びとは農業を営んで年貢を納めたり、死んだ牛馬の解体、皮革業、草履づくりをしたり、犯罪者をとらえたり、牢屋番など役人の手伝いをして暮らしていた。

これらの人びとは幕府や藩から住む場所や職業、服装や人づきあいまで厳しく制限され、村の運営や祭礼にも参加させてもらえない。こうした差別政策によって、百姓や町人が差別意識を持ちはじめることになる。

百姓に対する法令

（1643年　一部の要約）

一．衣類は、麻布・木綿だけを着ること。衣類を紫や紅梅に染めてはならない。

一．食物は雑穀を食べ、米はむやみに食べないように。

一．たばこの栽培や、田畑の売買をしてはならない。

＊大きな飢饉が起こった翌年に出されたもの

［百姓に対する法令］

江戸幕府の成立と支配のしくみのポイント

- **関ヶ原の戦い**に勝利した**家康**は征夷大将軍となり、江戸幕府を開く
- **幕藩体制**を整え、大名を**親藩**、**譜代**、**外様大名**にわけて管理する
- 家康が**武家諸法度**を定めた後、3代将軍**家光**が**参勤交代の制度**を定める

テーマ

21 貿易の発展から鎖国へ

朱印船貿易

徳川家康は海外貿易の発展に力を入れ、西日本の大名や長崎・京都・堺などの大商人に渡航を許す朱印状を発行して保護と統制をおこなう。これを**朱印船貿易**と呼ぶよ。朱印状とは、朱印が押された文書のことだ。室町幕府が日明貿易をしたときの勘合貿易と似ているから区別してね。

この朱印船貿易によって多くの日本人が東南アジア各地で貿易をするんだけど、そのまま現地の港町に住む日本人が増えて、なかには1000人をこえる日本町もできるよ。

○ 日本町所在地
● 日本人在住地
― おもな朱印船の航路

[朱印船の航行と日本町]

[朱印船]

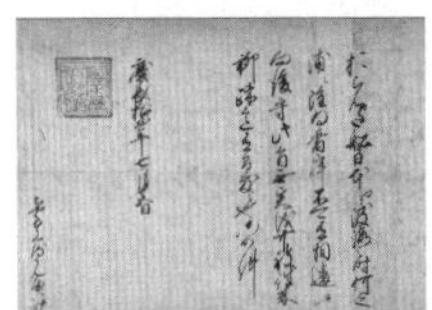

[朱印状]

ところで、ポルトガルがカトリックの国であるのに対して、17世紀になって新しく日本に来航しはじめるオランダとイギリスはプロテスタントの国で、布教と貿易をわける国だった。オランダとイギリスは日本国内で布教活動をしないので、家康は彼らを歓迎する。貿易の申し出を許可するよ。オランダとイギリスは、平戸（長崎県）に商館を構えて貿易を開始する。中国産の生糸や絹織物を中心に輸入し、日本からは金や銀を中心に刀や工芸品も輸出する。

キリスト教の禁止と鎖国

家康は秀吉と違って、貿易による利益のためにキリスト教の布教を禁止しなかったから、信者がどんどん増えて約70万人にも達する。すごい人数だよね。でも、家臣にも多くのキリスト教信者がいることがわかると、信者どうしの団結を恐れて1612年、ついにキリスト教禁止令（禁教令）を出す。キリスト教徒の迫害を始めるんだ。2代将軍の徳川秀忠は禁教令を強化する。信仰を捨てない多くのキリスト教徒を処刑してしまうんだ。

1635年、3代将軍の徳川家光は日本人の海外渡航を全面禁止にして、朱印船貿易も停止。海外に住む日本人の帰国もいっさい禁止する。そんななか、1637年、キリスト教徒への迫害や厳しすぎる年貢の取り立てに苦しむ島原（長崎県）や天草（熊本県）の人びとは、神の使いとされる天草四郎（益田時貞）という少年を大将にして、大きな一揆を起こす。城を占拠してたてこもり、幕府と戦うんだ。これを**島原・天草一揆**という。

4か月間にわたってやっと一揆を鎮圧した幕府は、この島原・天草一揆をきっかけにして、さらに厳しいキリスト教対策が必要だと考える。1639年、ポルトガル人を追放、来航を禁止すると、1641年には平戸のオランダ商人の建物を、長崎につくった人工島である**出島**に移す。こうして、**オランダは出島限定、清は長崎の唐人屋敷という中国人限定の建物で貿易をすることを許し、それ以外の国の船が来ることを禁止**するんだ。幕府は、長崎での貿易と海外の情報を独占するよ。

このように、外国との関係は幕府の強い統制のもとに置かれ、この体制はのちに**鎖国**と呼ばれるようになる。鎖国はこのあと1854年の開国までなんと200年以上続くよ。鎖国をしたからこそ、平和が保たれたり、日本独自の文化が生まれたりするといった良い面もあるし、世界の科学技術の発展から取り残されてしまうという悪い面もあった。

さらに、幕府はキリスト教徒を発見するために、キリストや聖母マリアの像を踏ませる絵踏をおこなう。そのほか、宗門改といって、仏教の信者であることを寺に証明させ、葬式も寺でおこなわれるようになる。

[絵踏の様子が描かれた図]

鎖国下の対外関係

17世紀半ば、明が国内の内乱でほろぶと、中国東北部の女真（満州）族が清という国を建国して、中国全土を支配下に置く。

日本は鎖国によって海外に行くことができなくなり、東南アジア各地にあった日本町もなくなってしまう。ただ、日本は中国の質の良い生糸や絹織物、東南アジアの品物を必要としていたので、中国人やオランダ人と長崎で貿易をおこなう。17世紀後半になると、幕府は金と銀が大量に海外に流出して経済が混乱することを恐れて、輸出品を銅や海産物に変えていく。

秀吉の朝鮮出兵以来、朝鮮とは国交がとぎれていたんだけど、1609年、対馬藩（長崎県）の宗氏のおかげで国交が回復。将軍が代がわりするごとに、400人から500人の通信使と呼ばれる使節が日本に来ることになる。すごい人数だよね。

琉球王国には、薩摩藩（鹿児島県）の島津氏が幕府の許可を得て、1609年に攻め入って征服してしまう。ただ、幕府は琉球を外国としたので、国際的には独立国のままで、明や清にも朝貢を続け、貿易をおこなっていた。薩摩藩は琉球王国の体制を残させたまま、役人を琉球に派遣して監督するんだ。

また、薩摩藩は将軍や琉球国王に代がわりがあると、琉球から江戸への使節を連れてきて将軍にあいさつをさせるよ。琉球はこのような環境のなかで独自の文化や意識を育てていくんだ。

蝦夷地（北海道）では、南部に松前藩が領地を持っていて、アイヌの人びととの交易を独占し、わずかな米や食器などの日用品を、大量の鮭や昆布などの海産物と交換して大きな利益を得ていた。そして、アイヌは松前藩の商人が大きな網で鮭を大量に取りつくすことなどに不満を高めていく。

17世紀後半、ついに首長のシャクシャインが立ち上がり、アイヌの人びとが戦いを起こすんだ。しかし、室町時代のコシャマインに率いられたアイヌ人たちと同じように、今回もまた鎮圧されてしまう。松前藩はシャクシャインを処刑し、アイヌ人はさらに不利な立場に追いこまれていく。

コシャマインにシャクシャイン……。
うーん、まぎらわしいです……。

室町時代の「コ」シャマインが先で、江戸時代の「シ」ャクシャインが後。アイウエオ順でも、「コ」が先で「シ」が後。そんなふうに頭に入れておけば大丈夫でしょ？(笑)

貿易の発展から鎖国へのポイント

- 家康は商人に渡航を許す朱印状を発行し、**朱印船貿易**をおこなわせる
- **島原・天草一揆**をきっかけにキリスト教禁止を強化、**鎖国**体制を開始

テーマ22 産業の発達と元禄文化

新田開発と農業の進歩

平和な時代になって、幕府や藩は土地の開墾に力を入れはじめる。用水路をつくったり、海や広い沼地を干拓したりして、大きな新田を開発する余裕が出てくるんだ。

18世紀のはじめには**耕地面積が豊臣秀吉のころにくらべると約２倍にまで広がる**から、すごい勢いで開発されたことがわかるよね。

そして、土地の開墾にあわせて農具も進化する。この時代に普及する新農具はいろいろあるけれど、代表的な３つを紹介しよう。

まず、備中ぐわ。刃先をくし状にすることで、深く土に打ちこめるようになる。荒れ地を耕すのに適していて、新田開発で大活躍するよ。

次に、千歯こき。これは、くしのような細い鉄の棒の間に稲のたばをはさみ、もみをしごき落とすというもの。なんと昭和時代のはじめのころまで使われたから驚きだ。

そして最後に唐箕。脱穀したもみに羽根をまわしておこす風を当てて、もみがらやごみを飛ばして、身の入ったもみだけを取り出す道具だ。

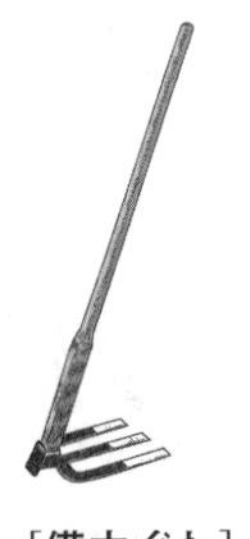
[備中ぐわ]

[千歯こき]

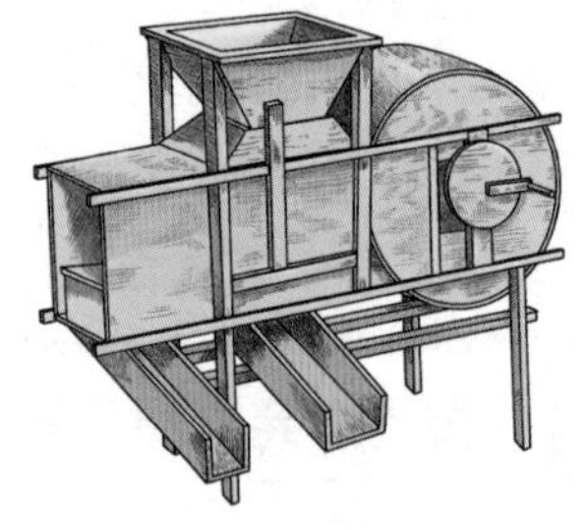
[唐箕]

このような便利な農具ができて、収穫の効率が数倍に上がるわけだ。

肥料も、鎌倉時代から続く糞尿や草木灰のほかに、いわしを日干しにした干鰯、菜種などから油をしぼったかすである油粕などを買って使うようになったよ。

都市で織物や菜種油しぼりなどの手工業が発達すると、その原料の作物、いわゆる商品作物の栽培もさかんになる。これも代表的な3種類を紹介しておこう。

まず、麻と綿。これは繊維をとって、織物の材料にする。綿の栽培は18世紀ごろに全国に普及するよ。

次に、あぶらな。これは種をしぼって菜種油をとる。油は照明などに使って、しぼりかすはさっき説明したように肥料として使ったね。

そして、藍と紅花。これは染料として使われる。

諸産業の発達と交通整備

江戸時代はあらゆるものが発達して、鉱山の採掘や精錬技術も進む。佐渡金山（新潟県）、生野銀山（兵庫県）、石見銀山（島根県）、足尾銅山（栃木県）などが開発されるよ。

水産業では麻糸でつくった強い網ができたため、九十九里浜（千葉県）では大規模ないわし漁がおこなわれるようになる。いわしは食べるためというよりは、肥料（干鰯）に加工されて、近畿地方などの綿作をしている地域に売られるよ。また、紀伊（和歌山県）や土佐（高知県）では、くじらやかつおの漁、蝦夷地（北海道）ではにしんや昆布の漁がさかんにおこなわれる。

関東では野田や銚子（千葉県）などで大きなしょうゆ工場がつくられ、大量生産が始まる。伊丹や灘（兵庫県）では酒造りが進んで、江戸向けの酒を生産するよ。ほかには瀬戸内海の塩、輪島（石川県）の漆器、南部（岩手県）の鋳物、越前（福井県）や美濃（岐阜県）の紙など、各地で特産物ができていくんだ。

参勤交代と、諸産業がさかんになったことで、陸上、海上の交通路も全国的に整備されるよ。港町や宿場町、門前町はますます栄えて、手紙や荷物を運ぶ飛脚がさかんになる。ところで、馬借をおぼえているかな？　あれも似たようなものだけれど、馬借はおもに戦国時代くらいまでで、江戸時代は飛脚が一般的になるよ。

船を使って海のルートでものを運ぶ、海運業も発達する。大坂と江戸の間には、木綿や油、しょう油などを運ぶ菱垣廻船、酒を運ぶ樽廻船が定期的に往復するようになるよ。また、東北や北陸地方の年貢米を江戸や大坂へ運ぶために日本海沿岸を進む西まわり航路、太平洋沿岸を進む東まわり航路が開かれ、河川を使う水運も発達する。

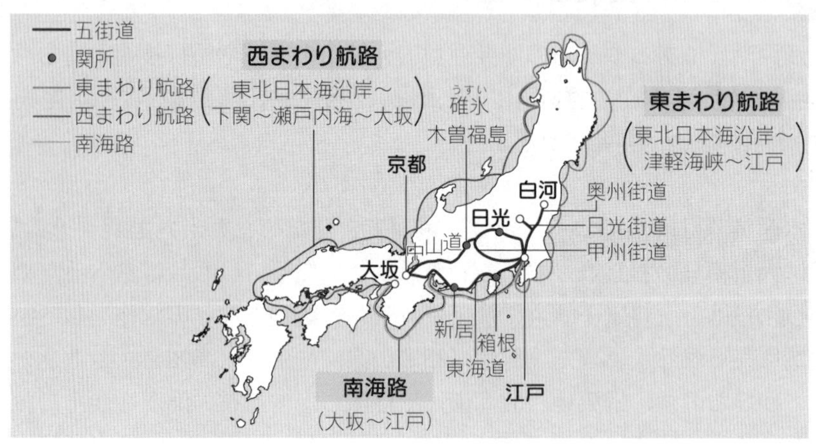

[江戸時代の交通路]

都市の発達

17世紀末ごろ、都市が大きく発展する。とくに、江戸、大坂、京都の三都に注目だ。**江戸は「将軍のおひざもと」といわれる城下町**で、18世紀のはじめには人口100万人をこえ、世界全体でも最大級の都市に成長するよ。江戸の日本橋には魚市、神田には青物市ができる。

大坂は全国の藩が貨幣を手に入れるために、米や特産品などを売りさばく市場になる。**食べ物がなんでもそろうから「天下の台所」**と呼ばれるよ。朝廷のある京都では、伝統的な手工業である西陣織や清水焼などが生産される。

都市では問屋や仲買いなどの商人が、**株仲間という同業者組合をつくって、商売上の決まりをつくったり、新規参入を規制したりして営業を独占する**。幕府は株仲間を認める代わりに営業税を取った。

室町時代に出てきた「座」をおぼえているかな？
江戸時代の「株仲間」も、しくみは「座」と同じだよ。税の納め先が、「座」は有力貴族や寺社だったのに対して、「株仲間」は幕府になる。「室町時代の座」に、「江戸時代の株仲間」、区別して理解しておこう。

また、幕府は通貨の発行権を持ち、江戸や京都に設けた金座で金貨、銀座で銀貨、全国各地の銭座で銅貨を大量につくって全国に流通させる。これによって、室町時代に輸入していた明銭などの中国銭は使われなくなっていく。

江戸や東日本ではおもに金貨、大坂や西日本ではおもに銀貨が流通し、両替商が金銀の交換によって大きな富を得ていくんだ。江戸の三井家や大坂の鴻池家のように大きな財力を得た商人は、大名にお金を貸して、藩の資金の運用や財政にもかかわるんだ。

元禄文化

都市が繁栄すると、大坂・京都の経済力のある町人たちの間から、明るく元気な関西っぽいノリの文化が生まれる。年号は元禄だったから**元禄文化**と名づけられているよ。

まずは歌舞伎。歌舞伎は桃山文化のころは女性や少年の踊りだったんだけど、幕府から禁止される。そこで歌舞伎は男性のみが演じる芝居となり、これが人気になるんだ。上方（京都・大坂）の坂田藤十郎の細やかな芸、江戸の市川団十郎の豪快な演技が人気を呼ぶよ。

歌舞伎とともに人形劇の**人形浄瑠璃**も流行する。人形浄瑠璃は脚本家の**近松門左衛門**によってプロデュースされた人間ドラマで、恋愛や人間関係に悩む男女のストーリーが話題になる。

文学では、**井原西鶴**が武士や町人の生活をもとに、いろいろな小説を書く。これを**浮世草子**というよ。そして**俳諧**（**俳句**）では**松尾芭蕉**が超有名人だね。自然の中に人生を見つめる作風が、新しい文芸として生み出される。「古池や蛙飛び込む水の音」という句は彼の代表作だよ。松尾芭蕉は旅日記である紀行文も書いて、なかでも東北地方などへの旅をもとにした「おくのほそ道」が有名だ。

絵画では江戸初期の絵師、風神と雷神の屏風絵で有名な俵屋宗達の影響を受けた**尾形光琳**が、はなやかな装飾画を完成させる。また、**菱川師宣**が町人の生活を描いた浮世絵を始める。浮世絵や書物は木版印刷によって大量生産が可能になっていたから、地方にも元禄の文化が広がっていくよ。

学問も紹介しよう。古代文明に登場した孔子の儒教をおぼえているかな？　5代将軍**徳川綱吉**はその儒学を学ぶことをすすめる。儒学にもいろいろあって、そのなかでも実際の行動を重視する**陽明学**を学ぶ学者もいたけど、身分秩序を重視する**朱子学**が主流で、広く学ばれるよ。

徳川家でポイントになる将軍

第１代	**家康**	**江戸幕府を開く**
第２代	**秀忠**	**大坂冬の陣、夏の陣**
第３代	**家光**	**鎖国、参勤交代**
第５代	**綱吉**	**生類憐みの令**
第８代	**吉宗**	**享保の改革**
第15代	**慶喜**	**大政奉還**

産業の発達と元禄文化のポイント

- 新田開発とともに、備中ぐわや千歯こきなどの新農具が普及
- 江戸の城下町、大坂の市場が栄え、**株仲間**が生まれる
- 町人たちから**元禄文化**が生まれ、歌舞伎や**人形浄瑠璃**が流行する

テーマ23 幕府政治の改革

徳川綱吉の政治

17世紀後半、金銀の産出量が減ってくる。さらに大火事が江戸の町と城を2日間にわたって焼きつくし、10万人以上の死者を出す。この大規模火災復興のために莫大な費用がかかり、幕府の財政が大ピンチになる。

そんな状況下で、5代将軍**徳川綱吉**は儒学が広がることをすすめ、孔子をまつる湯島聖堂を建てたり、寺院の建設をしたりするのに大金を使って、幕府の財政がさらに悪化する。そこで幕府は小判に含まれる純金の率を下げ、そのぶん多くの小判をつくるという作戦に出る。いわゆる水増しってやつだね。これにより幕府の持っている小判が一気に増えることになる。

綱吉ってあまりよくないイメージがあったけど、
小判を増やすやり方はなかなか賢いようですね？

いや、多くの小判が幕府から発行されることで、お金の価値が下がり、物の値段が上がってしまうんだ。これを物価が上がる、インフレが起きるというよ。幕府の財政はどんどん悪化して、人びとの生活は苦しくなっていく。

綱吉に対するあまりよくないイメージは、悪法として有名な**生類憐みの令**からきているのかもしれない。綱吉は儒学を重んじるだけでなく、仏教も信仰していて、生き物を殺すことをよくないことだと考える。それはいいんだけど、戌年生まれの綱吉は犬を大事にして、中野の小屋では何万匹もの犬を飼うはめになる。

大切に扱う生き物の対象は、はじめは犬のほかには馬や牛くらいだったのが、だんだんエスカレートして鳥や魚も含まれ、違反者を厳しく罰するようになる。これはいくらなんでも無茶だよね。綱吉が亡くなる前、「この法令だけは残してくれ」と側近たちに頼むんだけど、綱吉が亡くなると、すぐにこの生類憐みの令はなくされる。

そこで登場するのが、6代・7代将軍の学問の先生である**新井白石**だ。将軍の権威を高めるためと、財政の立て直しのため、新井白石はいろいろな改革をするよ。たとえば、天皇家の血統が途絶えないように、あらたに閑院宮という宮家を創設する。徳川家における御三家みたいなものだ。直系の血統が途絶えそうになったときには、宮家から天皇が誕生するというわけだ。じつは、明治天皇以降、いまの天皇もこの閑院宮家の血を引いているよ。白石は、幕府がこの宮家創設の資金を出すことで、天皇家への影響力を強め、幕府の権威を高めようとする。

また、綱吉時代の水増し小判によっておきたインフレをおさえるため、金の含有率を以前の小判と同じくした小判を発行する。でも、短期間に小判の品質を変更したため、かえって経済は混乱してしまう。

享保の改革

1716（享保元）年、御三家の紀伊藩主、**徳川吉宗**が8代将軍になったとき、幕府の財政難が続いていた。そこで、江戸時代のはじめ、家康の政治を理想とする幕府政治の改革を将軍みずからしようとする。これが、**享保の改革**といって、江戸時代の三大改革の1つとされているよ。

まず、武士たちに質素・倹約を命じて支出を減らすところから始める。また、大名は将軍に年貢を納めなくてよかったんだけど、**上げ米**といって、大名が領地1万石につき100石の米を幕府に納めさせる代わりに、**参勤交代で大名が江戸に滞在する期間を半年に減らす**という交換条件を出す。この政策は財政に大きくプラスに働くよ。

さらに、**訴訟の手続きや刑罰の基準をはっきりさせ、裁判を正しくおこなうために公事方御定書**という法律を定める。また、町民でも投書できる目安箱を置いて、みずから読んだ。これによって、小石川養生所という貧しい病人のための無料の病院がつくられる。

ほかにも新田の開発をしたり、年貢の取り方をあらためたり、米の価格の安定に努める。そんなことから吉宗は「米公方（将軍）」と呼ばれるよ。

ゴロあわせ

享保の改革
「いーな、いろ(1716)いろ、享保の改革」

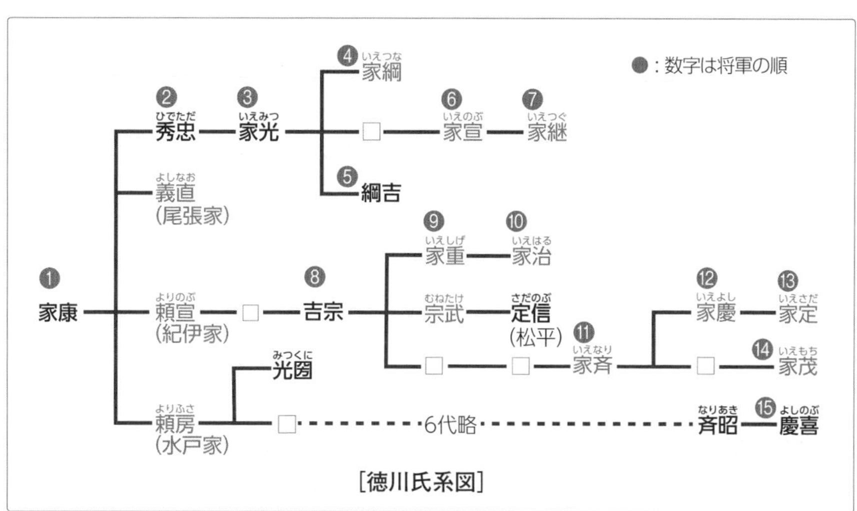

[徳川氏系図]

農業の発達にともなって、農具や肥料を購入するのに貨幣が必要になり、いままで自給自足に近かった農村の生活にも変化が起こる。

商品作物の栽培で利益を得た農民は、肥料を購入して生産量を増やしてさらに豊かになる。いっぽう、肥料を買えない農民は生産量を増やすことができず、借金することになる。そして借金を返済できない農民が手放した土地を手に入れて**地主**になる者、土地を失って**地主**のもとで働く**小作人**や、都市に働きに出る者が増えるなど貧富の差が拡大していくよ。

また、農民が作物を自分で製品に加工して問屋に売る、家内工業も発達する。

18世紀になると、問屋が農民にお金と織機を貸して布を織らせて買い取る**問屋制家内工業**が始まる。

19世紀には大商人や地主が工場をつくって大勢の人を雇い、分業で製品をつくる**工場制手工業（マニュファクチュア）**が始まり、その後の工業の基礎になるんだ。

田沼意次の政策

18世紀後半、身分の低い武士から老中になった**田沼意次**が、幕府の財政を立て直そうとする。老中という役職はおぼえているかな？　幕府政治の最高責任者だよ。

田沼意次の政治の特徴は、商業重視だ。発展する商工業に注目して、商人の力で幕府の財政を立て直そうとするよ。代表的なのは、**商工業者が株仲間をつくって特権を得るのを認める代わりに営業税をとること**だ。テストの問題文に「株仲間を奨励」という言葉があれば、それは田沼の政治のことをさしていると思っていい。

田沼より先に商業重視の政治をおこなった人物をおぼえているかな？　そう、織田信長だ。ただ、信長は「楽市・楽座」で座を認めなかった。田沼は逆に株仲間を奨励するという違いがあるよ。

また、長崎での貿易を活発にするために、銅や海産物を中国に輸出して、金・銀を得る。より多くの海産物を得るために蝦夷地の調査もおこなう。ほかにも商人の資金で鉱山や新田の開発を進めたり、米市場の米価を調節したりと、経済を向上させるために幅広く活躍するよ。

こうして田沼意次の時代は経済が活発になって、自由な雰囲気のなかで学問や芸術も発展する。いっぽう、地位や特権を手に入れたい商人たちからの賄賂などの不正行為も広がる。

そして1782（天明2）年、のちに天明の大ききんと呼ばれる凶作が発生して、被害が大きい津軽藩（青森県）ではおよそ20万人が餓死する。翌年には浅間山が大噴火を起こして1000人以上の死者が出たうえに、大量の火山灰が噴出した影響で天候不順になる。諸国にききんが広がってしまうんだ。

田沼は商業重視の政治をおこなうので、農民からの評判はもともと悪く、不満が高まっていた。そして、米の値段が急激に上がり、生きていくことが困難になった百姓たちが各地で一揆を起こし、米商人などを襲う、**打ちこわし**を起こす。社会不安が広がるなかで、田沼意次への批判が高まり、老中をやめさせられることになる。

寛政の改革

田沼意次の次は、8代将軍吉宗の孫の**松平定信**が老中になる。定信は祖父の享保の改革を手本に、**農業を基本において幕府政治を改革しようとする。**これを**寛政の改革**というよ。

まず、国の基本は農業だと考えて、農村から都市にあらたに出稼ぎに行くことを禁止し、都市に出てきている農民には旅費と農具代を与えて村に帰らせる。また、凶作やききんへの備えとして、各地に倉をつくって米をたくわえさせる。同時に、米の生産を増やすために米以外の商品作物の栽培に制限をかけるよ。

また、江戸には仕事の訓練をおこなう施設や、貧しい者を助けるしくみをつくり、武士には学問をすすめ、湯島聖堂を幕府が直接運営する学校、昌平坂学問所にあらためる。ここでは定期試験をおこなって、成績上位者を表彰するといったようなこともおこなわれるよ。まるで現在の進学塾のようだよね。

寛政の改革はうまくいきそうですね。松平定信はずいぶんやり手みたいですし。

そうだね。松平定信はもともと白河藩（福島県）の藩主で、天明の大ききんのとき、藩内に大きな被害を出さなかったので、「できるリーダー」との評判が高かったんだ。

ただ、定信は庶民に倹約令を出してぜいたくを禁じた。また、政治批判を禁じ、出版を厳しく統制したので、人びとの反感を買ってしまうんだ。**寛政の改革はとにかく、取り締まりがめちゃくちゃ厳しくて、堅苦しいのが特徴**だ。

「白河の清き魚のすみかねて、もとのにごりの田沼こひ(い)しき」という狂歌もよまれる。「白河」はもと白河藩主だった定信のことを指しているよ。「定信の改革によって不正がなくなったけれど、規制が厳しすぎて自由がなくなり、生活しにくくなった。田沼意次の時代は不正も横行してにごった社会だったけど、自由があって住みやすかったなあ」ということをうまく言いあらわしていると思う。

結局、定信はぜいたくを好む当時の将軍と対立して、6年で老中をやめることになるよ。

幕府政治の改革のポイント

- 8代将軍**徳川吉宗**が**享保の改革**をし、**上げ米**や**公事方御定書**を定める
- 老中**田沼意次**が株仲間の奨励をするなど、財政の立て直しをはかる
- 老中**松平定信**が**寛政の改革**をし、倹約令を出し、厳しい統制をする

化政文化と新しい学問

化政文化

江戸時代前期、大坂・京都の町人たちの間から元禄文化が生まれたのをおぼえているかな？　19世紀はじめ、江戸時代後期になると**文化の中心が大坂や京都から江戸に移って、今度は江戸の町人を中心とする文化**が生まれるんだ。年号が文化・文政だったから**化政文化**と呼ばれている。江戸っ子らしい、通や粋を好むというオシャレさと、皮肉をこめたユーモアが特徴だよ。

このころ、庶民の間で娯楽が広まって、歌舞伎や落語、大相撲などが楽しまれるようになる。そして、化政文化のいちばんの特徴はずばり、絵。現代のカラー印刷のようなフルカラー版画の「錦絵」をつくる技術が発達して、浮世絵が大流行する。大量に刷られて安く売られたので、庶民でも買えたのがヒットした理由だ。そんな浮世絵の風景画の代表的絵師が葛飾北斎で、「富嶽三十六景」の波の絵はまるで時を止めて描いたリアルさだと驚かれたんだよ。東洲斎写楽は歌舞伎の人気役者を描き、**喜多川歌麿**は美人画を描いて有名になる。錦絵はオランダ船でヨーロッパに渡り、ヨーロッパの画家にも大きな影響を与えるよ。

文学では十返舎一九の『東海道中膝栗毛』や滝沢馬琴の『南総里見八犬伝』などの長編小説が評判になる。また、幕府政治や世の中の様子をおもしろおかしく批判する狂歌や川柳もはやるよ。

俳諧では小林一茶が農民の素朴な感情をよみ、与謝蕪村が松尾芭蕉を受け継ぐ作品を残す。

[葛飾北斎作「富嶽三十六景（神奈川沖浪裏）」]

[喜多川歌麿作「ポッピンを吹く女」]

国学と蘭学

18世紀半ばごろから、昔の学問と最新の学問の研究がそれぞれ進む。

「昔の学問」とは『古事記』や『万葉集』、『源氏物語』などの日本の古典研究を進める**国学**のこと。**本居宣長**は『古事記』を研究して、外国からきた儒教や仏教にとらわれない、日本古来の精神を見直して『古事記伝』をあらわす。国学は宣長のころまでは書物の研究が中心だった。それが、江戸時代の終わりになると、日本が世界の中でも特別な存在であるという国学の主張が、天皇を尊ぶ思想と結びついて尊王攘夷という運動を支える根拠となっていくんだ。尊王攘夷については、もう少し先で説明するね。

いっぽう、「最新の学問」とはオランダを通じて伝わったヨーロッパの学問、**蘭学**のこと。医師の前野良沢、杉田玄白たちが、オランダ語の医学書を苦労して翻訳し、**『解体新書』**として出版する。これがオランダ語でヨーロッパの学問を学ぶ蘭学の基礎となる。蘭学の人気が高まり、江戸に蘭学塾ができて、幕府もオランダ語の本を翻訳する担当者を置くくらい、蘭学に力を入れるよ。

19世紀のはじめには、伊能忠敬がヨーロッパの測量技術で日本全国の海岸線を移動しながら測量して、初めて日本地図をつくる。できあがった地図は、現代のものと大差ない精度だったから、まさに江戸時代のGoogleマップといえる。また、オランダ商館の医師として来日したシーボルトは、長崎に鳴滝塾を開いて、手術をおこなってみせたり、西洋の学問を教えたりするよ。

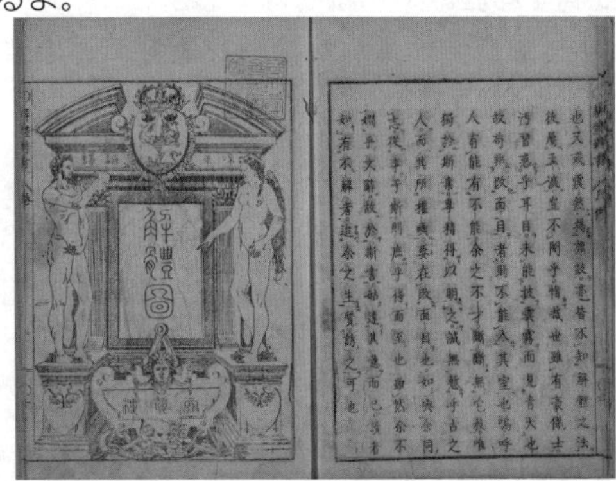

[『解体新書』]

それぞれの藩では、藩の学校である**藩校**がつくられ、武士に学問や武道を教えるようになる。庶民の間でも教育への関心が高まって、町や農村に多くの**寺子屋**が開かれて、「読み・書き・そろばん」など、日常生活で役に立つ知識が教えられるようになるよ。

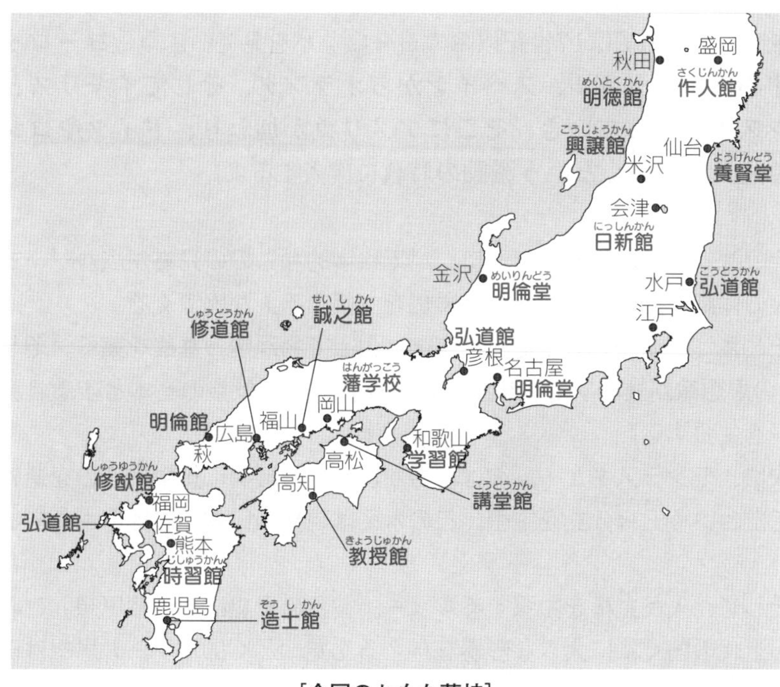

[全国のおもな藩校]

化政文化と新しい学問のポイント

- 江戸の町人を中心とする**化政文化**が生まれ、錦絵や文学が流行する
- **本居宣長**が**国学**の研究を進め、やがて尊王攘夷運動に結びつく
- **蘭学**が伝わり、前野良沢、杉田玄白たちが『解体新書』を出版

テーマ25 ヨーロッパの近代革命

啓蒙思想

さて、この節では17世紀以降のヨーロッパを見ていこう。**ヨーロッパの中心はポルトガル、スペインからオランダ、そしてイギリスとフランスへと移っていき、そこにアメリカが加わり、ドイツやロシアも急成長していくという激動の時代**に突入するよ。

そのはじまりとして、ヨーロッパで科学的なものの見方が広がり、古い社会の体制に批判的な、新しい思想を主張する人が出てくる。

たとえば、ニュートンは科学実験によって物理学の基礎を築く。そして、3人の思想家が登場する。まずはロック。個人を社会の基本とする社会契約説（しゃかいけいやくせつ）を主張する。

次に、モンテスキュー。彼は権力がひとつの機関に集中するのを避けるべきだという三権分立（さんけんぶんりつ）を主張。この考えは現在の日本でも採用されているよ。

そして、人民主権（じんみんしゅけん）を主張するルソー。彼らの思想は「啓蒙思想（けいもうしそう）」と呼ばれ、近代の国ぐにに大きな影響を与えるんだ。とくにルソーの思想は日本が明治時代（めいじじだい）に入ってから青年たちの間に広がって、自由民権運動につながるきっかけになるよ。

イギリスの革命

イギリスでは、国王が専制政治（せんせいせいじ）をおこなっていた。専制とは、支配する身分の人が、自分の思いのままにものごとを決める政治をすることだよ。

そんな国王の政治に対して1642年、議会が反対して内戦が起こる。その結果、議会派が勝利して国王を処刑（しょけい）。国王による政治が否定され、クロムウェルの指導によって、国のトップをつくらない共和制になる。議会にプロテスタントの一派、ピューリタン（清教徒（せいきょうと））が多かったことから、**ピューリタン革命（かくめい）**と呼ぶ。革命とは、今まで支配されていた者が、支配していた者を倒し、社会を根本的に変えることをいうよ。

でも、共和制は長続きせず、王政に戻ってしまう。王は、専制政治の復活をねらって議会と対立する。結局、議会は王を追放して、議会を尊重する新たな国王をオランダから迎える。そして、国王は議会の承認なしに権力を使えないという「権利章典」を制定する。これを**名誉革命**というよ。

こうして、憲法にもとづいて国王が政治をおこなうという国家のかたちである立憲君主制と、国民の代表である議員を選んで、その議員による議会によって政治がおこなわれるしくみである議会政治が確立する。

このようにして、イギリスは近代国家のかたちが定まって、国民の生活が充実していく。そして、経済力に支えられた強力な海軍を持って、海外の植民地を拡大。18世紀後半にはヨーロッパの最強国になるんだ。

フランスの革命

フランスはヨーロッパのなかでも強大な国で、国王が絶対的な権力を持っていた。これを絶対王政という。国王ルイ14世は「朕は国家なり」(私自身が国家そのものだ)ということを言っていたと伝えられているよ。権力者が超絶自信満々のセリフを言うのは、世界共通のようだ。藤原道長や、平家のセリフ、おぼえているでしょ?(笑)

18世紀になると、フランスとイギリスの間で植民地争いによる戦争が続いて、フランスは財政困難になる。いっぽうで、フランスの現状を批判する啓蒙思想が広がって、社会のあり方に不満を持つ市民たちによって、1789年、**フランス革命**が起こる。この革命によって国王は処刑。身分による特権も廃止し、自由と平等などを主張する**人権宣言**が発表されるんだ。1792年には王政が廃止され、共和制が成立する。イギリスのピューリタン革命もそうだけど、争いに負けた王様が処刑されるところはヨーロッパならではだ。日本のこれまでの天皇の場合は、争いに負けても島流しにされるくらいで済むことが多かったもんね。

このフランス革命は、国によって生活をおさえつけられてきたヨーロッパ中の人びとに希望を与える。同時に、革命の影響が自国に及ぶのを恐れた周辺のヨーロッパ諸国はフランスに軍を送って、長い戦争が始まる。

フランスの国内外が不安定ななかで、軍人のナポレオンが権力をにぎって、1804年に皇帝の位につくよ。

ナポレオンはヨーロッパ諸国との戦争に勝利し、つぎつぎに自分の一族を国王に任命して、ヨーロッパを支配していく。一時はイギリスとロシア以外のヨーロッパのほとんどを支配するものの、ロシア遠征に失敗したり、フランスの支配に反対する各国の反撃を受けたりして、ナポレオン軍は敗退。ナポレオンは島に流されて権力を失う。

[ナポレオン]

[ナポレオンのヨーロッパ支配]

アメリカ合衆国の誕生

アメリカ大陸では、イギリスとフランスが互いに植民地を広げ、たびたび戦争していた。18世紀半ばになると、フランスが植民地の北アメリカの大半をイギリスにゆずってアメリカから撤退する。優位に立ったイギリスは、北アメリカ植民地に対して税を課すんだけど、これに植民地の人びとが抗議する。1775年、植民地はワシントンを総司令官として独立戦争を始める。そして翌年、独立宣言を発表して、イギリスに対して戦争を起こすんだ。

この独立戦争にフランスが参戦する。当然、フランスが味方するのは植民地側だ。8年間の戦争の結果、植民地側は独立を勝ち取って、**アメリカ**

合衆国が誕生。アメリカ合衆国の理想は、身分の差がない、自由な市民からなる社会をつくること。この理想にもとづいて定められた**アメリカ合衆国憲法**は、自立した州が連合する連邦制をとりながらも、中央の政府が強い権限を持つ制度だ。立法・行政・司法の3つの権力をわける、三権分立などを定め、これが今後のアメリカ合衆国の基礎となる。

1776年 独立を宣言した13州
1783年 イギリスがゆずった地域

[独立戦争時のアメリカ合衆国]

ヨーロッパの近代革命のポイント

- イギリスは**ピューリタン革命**と**名誉革命**を経て、議会政治が確立される
- 18世紀、自立した州が連合する連邦制の**アメリカ合衆国**が誕生する
- 1789年**フランス革命**が起こり、**人権宣言**が発表され、共和制が成立する

産業革命と帝国主義

産業革命と資本主義

18世紀末ごろのイギリスでは、それまでの工業のあり方が急速に変わる新しい技術が開発される。蒸気機関で動く機械の実用化だ。

はじめは蒸気力を利用することで綿織物をつくっていたんだけど、しだいにさまざまな機械を生産する機械工業や、機械の素材をつくる製鉄業など、大きなパワーが必要な産業でも活用されるようになっていくんだ。

19世紀はじめには、世界ではじめて蒸気機関車が開発されて、全国を鉄道で結ぶ交通網が発達する。これによって原材料や製品を安く大量に運べるようになる。

このような技術の向上による産業と社会の変化を**産業革命**というよ。イギリスは産業革命によって工業製品を大量生産して、各国に輸出したので、「世界の工場」と呼ばれるようになる。

イギリスで始まった産業革命は19世紀にヨーロッパ諸国やアメリカ合衆国にも広がって、各国が工業にもとづく経済力で競いあうようになって、**資本主義**の時代が訪れる。**資本主義というのは、利益を求めて自由に競争し、生産の元手になる資本を持つ者（資本家）が経営者になって、賃金をもらって働く者（労働者）を雇うしくみ**だよ。

産業革命によってものが豊かになり、人びとの生活も便利になるんだけど、そのいっぽうでいろいろな社会問題も生まれる。貧富の差は大きくなり、労働者は不衛生で狭い住居で暮らし、大気汚染や水質汚濁も深刻になる。

こうした産業革命が生み出したさまざまな社会問題を実感した人たちのなかには、**資本主義をあらためて、労働者を中心とした平等な社会をつくるべきだという社会主義**を主張する人も出てくるよ。

欧米諸国の勢力拡大

19世紀のヨーロッパでは、産業革命によって経済が急発展すると同時に、労働者たちが生活の改善や政治的な発言の機会を求める労働運動がさかんになる。また、フランス革命の影響で、「自分たちは国の一員なんだ」という国民意識が高まる。それまでひとつの国として統一されていなかったドイツやイタリアなどでは、国の統一や独立をめざす運動が激しくなっていくんだ。

1871年にフランスとの戦いに勝ったプロイセンが中心となってドイツを統一して、ドイツ帝国が成立する。ドイツは、工業を急速に発展させることに成功して、工業力では世界ナンバーワンのイギリスを上まわるようになる。すごい成長だよね。

［1870 年ごろのヨーロッパ］

最初に産業革命を成し遂げて世界初の工業国になったイギリスは、19世紀後半にドイツに工業力で追い越されるものの、経済力では世界の中心だ。イギリスは世界各地の植民地と本国を結ぶ、貿易と投資のネットワークをつくる。イギリスの首都**ロンドン**は、世界経済を動かす資金を調達するための金融センターの役割を持つようになる。

建国したばかりのアメリカ合衆国は、大陸の東海岸と中部にかぎられていた国土を、19世紀半ばまでに西海岸まで広げる。ヨーロッパから多くの移民を受け入れて人口が増え、農業と工業が発達していく。

ところがその後、奴隷制や経済政策をめぐって、国が南北2つに分裂してしまう。そして1861年、**南北戦争**が始まり、**リンカーン**大統領の指導のもとで、アメリカの統一と奴隷の解放を求める北部が勝利する。その後アメリカは北部を中心に工業が急速に発展して、ヨーロッパ諸国にせまる大国へと成長していくよ。

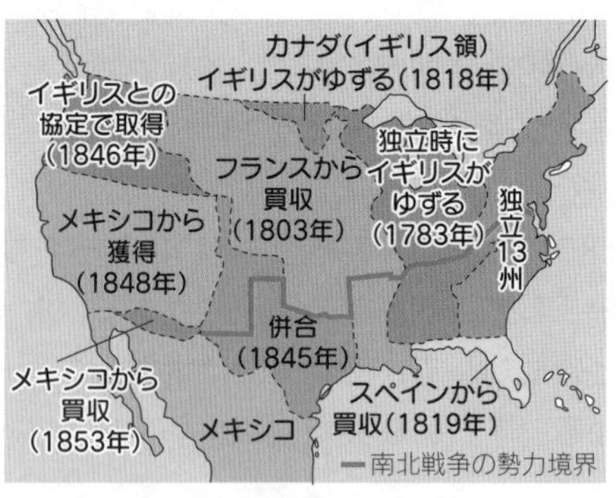

[アメリカ合衆国の領土]

19世紀後半になると、経済力をつけて植民地を拡大するイギリスのように、ほかのヨーロッパ諸国も、アジアやアフリカに積極的に進出しはじめるんだ。

植民地を増やせばそれだけ国の経済力が高まるというわけですか……。植民地化される国にとっては、不幸なことですね。

そうだね。産業革命によって工業が発展して、資本主義社会が生まれ、経済力が高まる。そうなるとさらに国を強くするために、軍事力で植民地支配を広げようとする**帝国主義**が生まれる。19世紀後半のヨーロッパ諸国は、各国が帝国主義政策を展開して、各地で戦争を起こすようになるんだ。

ヨーロッパのアジア侵略

イギリスは、産業革命によって大量生産した綿織物などをインドに輸出し、インドでつくらせた麻薬であるアヘンを清に密輸することで、利益をあげるようになる。この貿易を**三角貿易**というよ。

これにより、インドではイギリスの安い綿製品が大量に出回って、インドの伝統的な手工業がほとんど消滅する。多くの職人が仕事をなくして餓死してしまうんだ。清ではイギリスが持ちこんだアヘンが広まって、大勢の麻薬患者が発生する。役人たちの間にもアヘンが広がると、政治がうまく機能しなくなり、アヘンの支払いのための銀が、清からイギリスへ大量に流出していく。

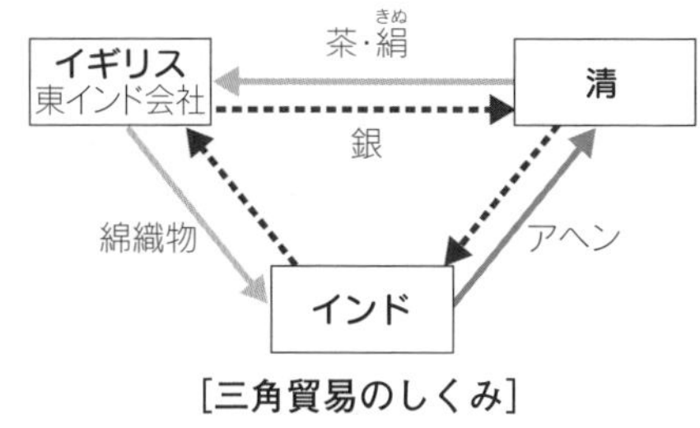

[三角貿易のしくみ]

国家の深刻な危機に、清はアヘンを厳しく取り締まると、1840年にイギリスは清に軍艦を送り、戦争をしかけて勝利する。これを**アヘン戦争**という。

1842年、アヘン戦争に勝ったイギリスは清に不平等条約である**南京条約**をおしつける。

少し くわしく

南京条約はキビシイ内容

南京条約によって清は上海など5つの港を開きました。また、イギリスに香港島をゆずり、賠償金を支払いました。1843年には追加条約として、イギリス人が清で起こした事件は清の法律ではなく、イギリスの法律によって裁判をおこなうという領事裁判権を認め、関税を自由に決めるという関税自主権を失いました。さらにアメリカ合衆国やフランスなども同じような条約を清と結びました。

このアヘン戦争の結果はすぐに日本に伝わり、江戸幕府は欧米諸国に対する警戒を強めるよ。日本のとなりの強大な中国があっさり負けてしまうなんて、江戸時代の人びとには信じられないできごとだったんだ。

清は戦争の費用やイギリスへの賠償金をまかなうために農民への税を重くする。それに対して、洪秀全のもとに多くの農民が集まり、太平天国という国をつくる。太平天国は、土地を平等にわけ、貧富のない理想的な国をつくろうとするんだ。この混乱のなか、イギリスとフランスが再び清を攻めて首都**北京**を占領する。清に市場の開放やキリスト教の布教を認めさせる。太平天国は外国軍と、清によって倒されるけれど、太平天国の理想はのちに中国で起こる革命に大きな影響を与えるよ。

1857年、インドではイギリスに対する反乱が各地に広がるものの、イギリスに鎮圧される。これを**インドの大反乱**と呼ぶ。イギリスはインドの皇帝を退位させ、イギリス国王を皇帝として、インドを世界各地に広げた植民地支配の拠点とする。こうしてインドのムガル帝国はほろびることになる。

ユーラシア大陸の北部、皇帝の専制政治が続くロシアでは、南下政策といって、どんどん南へ進出していく。そして、いよいよ日本と接触しはじめることになるんだ。

産業革命と帝国主義のポイント

- イギリスの**産業革命**が欧米に広がり、**資本主義**の時代が訪れる
- アメリカは**南北戦争**をきっかけに、ヨーロッパ諸国にせまる工業国へ成長
- イギリスは**三角貿易**を経て清との**アヘン戦争**に勝利、**南京条約**を結ぶ

開国と不平等条約

外国船の接近とその対応

これまでしばらくヨーロッパの歴史を見てきたけれど、いよいよ日本がヨーロッパとかかわりはじめるよ。

まず、1792年にロシアの使節としてラクスマンが蝦夷地（北海道）の根室に船でやってくる。ラクスマンは幕府に貿易を求めるんだけど、鎖国中の幕府は当然、拒否する。1804年にはロシアのレザノフが長崎にやってきて貿易を求めるんだけど、幕府はこれも拒否。断られたロシアの船は蝦夷地を攻撃し、ロシアとの関係が緊張してくる。これに対して幕府は、東北地方の大名に、沿岸の防備をかためさせる。

また、**伊能忠敬**に蝦夷地を測量させて日本地図をつくらせ、**間宮林蔵**に樺太・千島などの調査を命じてロシアに対抗する準備をするよ。

19世紀に入ると、ロシアだけでなくイギリス、フランス、アメリカなどの船が食料や燃料の補給を求めて、日本の海岸にあらわれるようになる。

最初、幕府は外国の要求にこたえたうえで、日本に来ないように説得するよう大名たちに呼びかけていたんだけど、それにもかかわらずやってくる外国船が増え続ける。

やがて海岸に領地がある大名の負担が大きくなり、外国との事件も多くなってくるんだ。そこで、幕府は1825年、**異国船打払令**を出し、**岸に近づいてくる中国、オランダ以外の外国船を攻撃するよう、全国の大名に命じる。**

1837年にはアメリカの商船モリソン号が、漂流した日本人を連れて浦賀（神奈川県）に来航するんだけど、幕府は異国船打払令にしたがって、本当に砲撃して撃退してしまうという事件が起こるよ。

天保の改革

外国の船がつぎつぎに日本にあらわれるようになってきた1830年代、国内は天候の悪さから、天保のききんと呼ばれる農作物の不作が続くようになる。とくに東北地方はひどくて、大勢の餓死者が出るんだ。一揆や、役人や商人の建物を破壊する打ちこわしがひんぱんに起こるようになる。

そうしたなか、1837（天保8）年、大坂町奉行所の役人だった**大塩平八郎**がついに行動を起こす。弟子を中心に300人ほど集めて大商人を襲って米などを奪い、貧しい人びとにわけ与えようとするんだ。結局この**大塩の乱**は1日でしずめられる。ただ、もと役人が事件を起こしたこと、島原・天草一揆以来、200年ぶりに幕府の旗本が出兵した合戦となったことで、幕府も民衆も大きな衝撃を受ける。

同じ年、幕府が外国船を攻撃すると、西洋の学問をオランダ語で研究する蘭学者の渡辺崋山や高野長英たちは、外国船への攻撃は日本にとって危険だと批判し、処罰される。これを蛮社の獄という。

水戸藩主の徳川斉昭は、日本国内外の危機を将軍への意見書として提出して、海沿いの防備を固めるようにお願いするよ。

1841（天保12）年、12代将軍徳川家慶の時代に、老中の**水野忠邦**が、昔の寛政の改革にならって、大胆な政治改革を始める。これを**天保の改革**というよ。

ぜいたくを禁止する倹約令を出して、町人の派手な文化を取り締まったり、政治批判につながる小説の出版を禁止したりする。倹約令を出すのは享保の改革、寛政の改革と同じだね。先の2つの改革と違う**天保の改革の特徴は、株仲間を解散させること**だ。営業を独占している株仲間が物価を上げて経済に悪影響を与えているから、株仲間を解散させることで物価を下げようと考えたわけだ。

また、アヘン戦争で清に勝ったイギリスの軍艦が日本にも攻めてくるといううわさを聞いて、異国船打払令を廃止する。大国である清を負かしたイギリスとの戦争を避けようとするんだね。やってきた外国船には以前のように食料と燃料を与える方針に戻すよ。

ところで、株仲間の解散は逆効果だった。ものの流通が混乱してしまって、物価はさらに上がってしまう。庶民への取り締まりも厳しかったので、人びとは水野忠邦への反感を強めていく。

そうしたなかで、幕府の収入を増やすために、江戸や大坂周辺の領地を持っている大名の土地を幕府が直接治め、大名にはほかの土地を与えて引っ越しさせようとする。これに対して多くの大名がいっせいに反対する。結局、**天保の改革はどれも失敗ばかり**で、水野忠邦は２年で老中をやめさせられることになる。

だんだんうまくいかなくなる江戸の三大改革

◎ **享保の改革（徳川吉宗）**
財政が安定する

△ **寛政の改革（松平定信）**
財政は安定するが、厳しい倹約と統制のしすぎで人びとの反感を買う

× **天保の改革（水野忠邦）**
株仲間の解散や、大名の土地を幕府が直接治めようとして失敗

鎖国の終了と不平等条約

1853年、アメリカのペリーが、4隻の軍艦を率いて浦賀（神奈川県）にあらわれ、鎖国を解くことを要求する国書を江戸幕府につきつける。

アメリカは太平洋を航海して清と貿易するための寄港地として、また、捕鯨船の食料と燃料の補給地として、ちょうどいいのが日本だと考えていたんだ。

[ペリーの浦賀上陸の様子]

これに対して、鎖国を守りたい幕府は返事を先延ばしにする。しかし結局、巨大なアメリカ軍艦に圧倒されて、日本がはじめて外国と交わす条約、**日米和親条約**を結ぶことになるんだ。これによって、下田（静岡県）と函館（北海道）の港を開いて、**アメリカの船に食料と燃料を与えること**を約束させられる。さらにアメリカに続いてイギリス、ロシア、オランダとも条約を結ぶことになる。こうして200年以上続いた鎖国が解かれることになる。

ところで、憂鬱な気分を「ブルーな気分」って表現するよね。鎖国を守りたかった幕府にとってはまさにブルーな気分で、「ブルー＝あおいろ」だから、「ア」メリカ、「オ」ランダ、「イ」ギリス、「ロ」シアと条約を結んだっておぼえると頭に残りやすいでしょ（笑）。

さらにアメリカは通商条約を結ぶために、「いつまでも貿易を拒んでいると清のようになるぞ」とおどしてくる。そうしたなか、大老に就任した**井伊直弼**は反対派の意見をおさえ、朝廷の許しを得ないまま、**日米修好通**

商条約を結ぶ。この条約によって、函館、神奈川（横浜）、長崎、新潟、兵庫（神戸）の5港を開いて、自由な貿易をおこなうことを認めることになる。

鎖国をやめて、貿易をすることになったんですね。日本にとってもメリットがありそうですけど？

そう思うよね。ところが、この通商条約は日本にとって、とてつもなく不利な条約なんだ。問題点は次の２つ。

第一に、清が欧米と結んだ南京条約と同じように、**領事裁判権（治外法権）を認める点**。日本に来ているアメリカ人が犯罪をおかしても、日本の法律で裁けず、アメリカの法律で領事が「無罪！」とすれば、日本はそれ以上に手出しできない。逆に、日本人がアメリカで犯罪をおかした場合は、アメリカの法律で厳しく裁かれることになる。

第二に、**関税の自主権がない点**。これは、アメリカからの輸入品にかける関税を、アメリカの同意なしに決められないということ。これは、アメリカの安いものが日本中に大量に出まわるということだ。一見いいことのように思えるかもしれないね。でも、日本でつくられたものよりも輸入品が安すぎると、日本のものが売れなくなって、それをつくっている日本の人は仕事を失ってしまう。あまりに安すぎる外国製品が入ってくることは、国内の生産力低下につながるわけだ。現在、日本では高品質な国産品を安い輸入品から守るために、農産物などに関税をかけているんだよ。

この年、日米修好通商条約と同じような通商条約を、オランダ、イギリス、フランス、ロシアとも結ぶはめになってしまう。これを安政の五か国条約というよ。幕府にとっては日米和親条約のときの「ブルー(アオイロ)な気分」以上に深刻な事態だ。「ア」メリカ、「オ」ランダ、「イ」ギリス、「フ」ランス、「ロ」シアとも不平等条約を結ばれ、「青い風呂(アオイフロ)」にどっぷりつかってしまうといった感じだろうか。

1639年、3代将軍徳川家光のころから215年間も鎖国をしていた日本の経済は、貿易によって深刻な打撃を受ける。天保の改革の失敗によって上がった物価がさらに上がってしまうんだ。

物価上昇の1つめの原因は、金銀の交換比率を国際的な比率に合わせるために、金貨の質を落としたこと。5代将軍徳川綱吉が小判の質を落として物価上昇を招いたのはおぼえているかな。お金の価値が下がるということは、同じ品物にそれまで以上にお金をたくさん払わなければいけなくなる。だから物価が上昇してしまうというわけだ。

物価上昇のもう1つの原因が、品不足だ。ものを輸出しすぎて、国内の分が品薄になってしまい、品薄になったものは値段が上がるという流れだ。現代でも話題になった商品が売れすぎて品切れになったり、ネットで高額で売られたりして、社会問題になっているよね。当時もこうした物価高によって、人びとの生活は今まで以上に苦しくなり、朝廷の許可を得ないで条約を結んだ幕府に対する不満が高まっていく。

また、物価上昇だけでなく、安い綿製品が大量に輸入されるようになったため、綿織物や綿糸の産地が大打撃を受ける。イギリスの植民地にされたインドでも同じようなことがおこったのをおぼえているかな。いっぽう、日本の**生糸**は海外でよく売れて、生産がさかんになるよ。

開国と不平等条約のポイント

- 老中**水野忠邦**が**天保の改革**で、株仲間の解散などをさせるが失敗
- **ペリー**が開国要求の国書を幕府につきつけ、**日米和親条約**を結ぶ
- 大老**井伊直弼**が、不平等条約である**日米修好通商条約**を結ぶ

テーマ28 江戸幕府の滅亡

尊王攘夷運動

さあ、いよいよ江戸幕府の終わり、いわゆる「幕末」と呼ばれる時期に突入するよ。

通商条約を結んだ幕府は、庶民だけでなく、朝廷、大名、武士、浪人などからも強く批判される。そして、「**これからは頼りない幕府ではなく、天皇を尊び、朝廷中心の体制にして外国を攻撃すべき**」、という**尊王攘夷**を主張する運動が起こる。

これに対して大老の井伊直弼は、幕府の体制に反対する尊王攘夷派をつぎつぎに処刑、処罰していく。これを**安政の大獄**というよ。処刑された人のなかには、長州藩にある私塾の松下村塾で指導した吉田松陰や、尊王攘夷派の大名、公家もいた。松下村塾はのちに幕府軍を破る高杉晋作や、初代内閣総理大臣になる伊藤博文など、明治時代の日本をリードする人物を多く育てた有名な塾だ。吉田松陰が処刑されたことは、尊王攘夷派にとってとてもショックなできごとだった。この安政の大獄に不満を持つ人が増えていき、1860年、井伊直弼は江戸城の桜田門外で、もと水戸藩士たちに殺される。これを桜田門外の変という。幕府政治のトップがあっさり殺されたことで、幕府の権威はさらに落ち、逆に尊王攘夷運動は勢いを増していく。

そこで、幕府は天皇の妹と14代将軍を結婚させ、公家と武家が協力して社会を立て直そうとする。これを「公」家と「武」家の結婚だから、公武合体というよ。

これは幕府が天皇家を政治に利用したということで、尊王攘夷派の怒りを買い、井伊直弼のあとをついだ老中も斬りつけられて、老中を引退する。

1863年、尊王攘夷運動がもっともさかんな長州藩は、朝廷の支持を得て、下関海峡を通るアメリカ商船やフランス艦を砲撃する。

これに対して、攘夷運動の高まりを恐れた幕府は、天皇や有力な薩摩藩の支持を得て、京都に移動していた長州藩士や、攘夷派の公家を追放する。

長州藩は抗議のために兵を率いて京都に入るものの、幕府と薩摩藩に防がれてしまう。さらに幕府は諸藩に長州藩攻撃を命じて、長州藩を従わせる。

さらにイギリス、フランス、アメリカ、オランダの4か国の軍艦17隻、5000人の兵士が、長州藩の砲撃に対する報復攻撃をしかけ、下関砲台が占領される。

長州藩は日本のなかでは有力な藩だけど、産業革命に成功した諸外国の連合艦隊には勝てるわけがないよね。欧米の軍事力を目の当たりにした長州藩の**木戸孝允**は、「攘夷は無理！」ということを悟って、幕府を倒して外国に対抗できる国家をつくるほうが先だと考え、藩の実権をにぎる。

外国と戦争した藩は長州藩だけではない。東海道の生麦村（横浜市）で大名行列を横切ったイギリス人を斬り殺した薩摩藩は、イギリスの報復攻撃を受けて薩英戦争となる。

薩摩藩もまた、イギリス艦隊の強さを知り、「攘夷は無理！」ということを思い知る。**西郷隆盛**、**大久保利通**らが藩の実権をにぎって、イギリスに接近。軍備を整えていくよ。イギリスも、先のない幕府よりも、将来性のある薩摩藩を支持して幕府を倒すことに協力しようと考えるわけだ。

また、薩摩藩は朝廷と幕府が協力できるようにサポートして、天皇のもとに将軍徳川家と、有力な藩を集めた新しい政府をつくろうと計画する。

これは日本の危機を乗り越えるために、みなが協力するというよさそうな考えだよね。でも、薩摩藩のはたらきで、朝廷と幕府の協力関係がつくられたものの、藩が政治に参加することには拒否する。こうして薩摩藩は幕府と対立するようになっていく。

薩長同盟から倒幕へ

薩摩藩と長州藩は外国に敗れたことで、攘夷よりも、新しい統一国家をつくるために幕府を倒すことをめざすように考えを切り替えていく。そして、1866年、薩摩藩の**西郷隆盛**と長州藩の木戸孝允は、土佐藩（高知県）の浪人、**坂本龍馬**や中岡慎太郎の仲立ちで、ひそかに倒幕への**薩長同盟**を結ぶんだ。

［西郷隆盛］

［木戸孝允］

［坂本龍馬］

同じ年に幕府は、二度目の長州藩攻めをおこなう。しかし、薩摩藩をはじめ、幕府に協力する藩がなかったため、幕府軍は苦戦する。たった1つの藩に勝てないほど、幕府の力が弱くなっていたことがわかるよね。

幕府は14代将軍、徳川家茂の急死をきっかけに兵をひく。

社会では、米の不作もあって、多くの百姓一揆や打ちこわしが頻繁に起こり、なかには**世直し**を主張する者もあらわれはじめる。さらに江戸時代の秩序がくずれて不安になった人びとが「ええじゃないか」と群衆で踊り歩くなんてことが大流行して、各地に広がっていく。ここまでくると、江戸幕府も末期といった感じがするでしょ(笑)。

薩摩藩と長州藩は、朝廷による政治の復活をめざす、公家の**岩倉具視**と協力して、幕府を武力で倒す計画を立てる。そんな情勢のなかで、15代将軍となった**徳川慶喜**は、**戦闘を避け、天皇のもとで権力を持ち続けようと**、1867年10月、あえて政権を朝廷に返す作戦をとる。これを**大政奉還**というよ。

大政奉還
「政権を朝廷に返す徳川慶喜、いやだろーな(1867)」

しかし、倒幕派の西郷や岩倉が先手を打つ。

同年12月に、朝廷を動かして**王政復古の大号令**を出すんだ。「王政」とは、天皇による政治、「復古」は昔に戻るという意味だ。つまり、**天皇を中心とする政治に戻すことを宣言**する。そして、同時に慶喜の政治的な影響力を除くために、大名たちに官職や領地の返上を命じて、新しい政府をつくる。

これに不満を持った譜代大名や旗本は、鳥羽・伏見(京都市)で新政府軍と戦争するが敗北する。これがいわゆる鳥羽・伏見の戦いだ。慶喜は江戸に引き上げて引退してしまう。幕府のあとを任された勝海舟は、江戸が戦いによって荒れるのを避けるため、戦わずして新政府に江戸城を明け渡す。こうして260年あまり続いた江戸時代がついに終了し、新しい時代に変わっていくんだ。

いっぽう、旧幕府軍の家臣の一部は蝦夷地と呼ばれていた北海道の箱館(函館)にたてこもり、会津藩(福島県)など東北の諸藩も連合して抵抗を続ける。しかし、新政府は多くの大名の支持を得てこれらを攻め、1869年、旧幕府軍を降伏させ、国内を治める。箱館にある五稜郭という星型の堀に囲まれた城での決戦から、五稜郭の戦いと呼ばれる。この新政府軍と旧幕府軍の一連の戦いを**戊辰戦争**というよ。

江戸幕府の滅亡のポイント

- **尊王攘夷**運動がおこり、安政の大獄を進めた井伊直弼が暗殺される
- **西郷隆盛**と木戸孝允が、**坂本龍馬**の仲立ちで、**薩長同盟**を結ぶ
- **徳川慶喜**が**大政奉還**をおこない、朝廷が**王政復古の大号令**を出す

第4部

近代の日本と世界

第11章
明治時代

第12章
大正時代～昭和戦前

第11章

明治時代

さあ、日本の近代の幕開け、明治時代のはじまりだ。「近代」という言葉は「近代的（な建物）」とか「近代化（が進む）」というような使われ方をするね。では、近代ってどんなイメージがある？「進んでいる」とか「科学的」とかいうイメージかもしれないね。

明治時代になると洋服を着る人や肉を食べる人が増え、街には洋風建築が立ち並び、鉄道が開通する。衣食住それぞれの面で洋風化が一気に進むよ。江戸が東京と呼び方が改められ、天皇も京都から引っ越し。鎌倉時代から約700年続いてきた武士による政治が終了するんだ。

鎖国を解いたばかりの日本が大国である清、そしてロシアとの戦争に勝利し、奇跡の成長を遂げて、大きく変化していく激動の時代だよ。

フローチャート 明治時代の区分

明治前期：明治維新（国家の改革・制度の改革）

- 中央集権国家の建設
- 「富国強兵」政策の推進

明治中期：自由民権運動・憲法制定

- 自由民権運動の高まり
- 大日本帝国憲法の制定
- 帝国議会の開設

明治後期：日清・日露戦争

- 日清戦争がおこる
- 日露戦争がおこる

「富国強兵」政策 ➡「大日本帝国憲法」の制定 ➡ 日清・日露戦争

「富国強兵」は「兵を強くする」、「大日本帝国憲法」は「拳法（けんぽう）」、「日清・日露戦争」は「戦争する」というように置き換える。

これをつなげて、「明治時代は兵を強くして、拳法で、戦争する」とおぼえる。これで明治時代のおおまかな流れが頭に入るでしょ（笑）。

テーマ29 明治政府の成立

新政府国家の三大改革

江戸時代のラスト、大政奉還がおこなわれ、王政復古の大号令が宣言されたのが1867年。その翌年の1868年に江戸は**東京**と呼び名が改められて、年号も明治に改められ、明治時代がスタートするよ。天皇の在位中は一つの元号だけを使うという一世一元の制を採用するのもこのときからだ。1869年には東京が新しい首都とされ、天皇も移動。人びとは新しい政治を「御一新」と呼んで期待をふくらませるんだ。

新政府は日本を外国に負けない国にするために、いろいろな改革を実行する。それをまとめて**明治維新**と呼ぶ。**明治維新の中身をひとことでいうと、ずばり「中央集権国家づくり」**。この中央集権という言葉、おぼえているかな。じつは奈良時代、大化の改新のときに出てきているよ。

中央集権とは中央の政府が全国を直接治めること。中大兄皇子が蘇我氏の勢力を取り除いて、権力を朝廷に集中し、天皇中心の国家をつくろうとしたことを思い出してほしい。明治の新政府も、古代と同じく徳川家をはじめとする大名の勢力を取り除き、天皇中心の国づくりを進める。そのなかでも、次の３つのことを知っておこう。

五箇条の御誓文

まず1つめは、**五箇条の御誓文**。1868年、**天皇が5か条の政治方針を祖先の神々に誓うという形**で明らかにするんだ。「これからは天皇が政治の中心」だということを示す意味があるよ。

その5か条の政治方針の内容、やっぱり全部おぼえておかないとダメでしょうか……？

5か条の政治方針の内容をおぼえる必要はないよ。**「身分に関係なく世界に開かれた国を、天皇が中心となってつくっていく」という基本方針**を理解しておけば大丈夫！

明治政府は「天皇が政治の中心」って言ったけど、それは表向きの話。実際には当時まだ子どもの天皇に代わって、薩摩藩や長州藩の有力者が政治を進めるんだ。これを藩閥政治という。

平安時代の藤原氏の摂関政治みたいなものだと考えてくれればいいよ。

五箇条の御誓文のついでに、五榜の掲示というものもあるので知っておこう。これは、明治政府が民衆に対して出した5枚の立て札だ。内容はキリスト教や一揆の禁止など。江戸幕府が出していたような内容で、新しさはまったくないものだ。1873年までには撤去される。

版籍奉還

2つめは、藩を廃止して、中央の政府が全国を直接支配する体制にすること。そのためにまず1869年に**版籍奉還**を実施する。**各藩の大名、藩主たちが治めていた版（土地）と籍（人民）を政府に返させる**よ。ただ、藩主は知藩事に任命し、そのまま藩の政治を続けさせるよ。

版籍奉還
「いやー、ろくでもない(1869)、版籍奉還」

■ 廃藩置県

その２年後の1871年、政府は**藩を廃して府・県を置く**。これを**廃藩置県**というよ。じつはこれが新政府が本当にやりたかったことだ。いきなり藩そのものをなくすと、さすがに反発が大きい。

そこで、まずは版籍奉還によって大名が管理している土地と人を天皇に返させて、それから藩自体をなくすというやり方をとったわけだ。

廃藩置県
「もう藩とは言わない(1871)、廃藩置県」

版籍奉還で知藩事に任命された旧藩主は東京に集められ、代わりに明治政府から府知事・県令（のちの知事）が派遣される。これによって、各地で力を持っていた旧藩主の力がなくなり、幕藩体制は解体、中央集権国家体制が整えられるんだ。

天皇中心の国づくりの3つめは、**身分制度の廃止**だ。

天皇のもとに国民をひとつにまとめるため、皇族（天皇の一族）以外は平等とする。公家や大名は華族に、武士は士族として、米の支給がストップし帯刀を禁止するなど、武士の特権を廃止する。百姓や町人は平民とされ、名字を名乗ることや、華族・士族と結婚することも認められる。職業や住む場所の制限もなくなって自由になるんだ。これらの改革は、「四民平等」を合い言葉に進められる。江戸時代にえた、ひにんとされていた人びとも、1871年の解放令によって平民とされるよ。

少し くわしく

廃藩置県で政治が変わった？

廃藩置県によって少数の公家や倒幕運動の中心となった旧薩摩・長州・土佐・肥前の４藩の出身者が政治の実権をにぎりました。これを藩閥政治と呼びます。

新政府制度の三大改革

中央集権国家のための改革が「国家の改革」であるのに対して、次は明治維新の三大改革と呼ばれている、「制度の改革」を見てみよう。

共通しているのは「**富国強兵**」というスローガン。**国を富ませて経済力をつけ、兵を強くして軍備を強化する**という意味だよ。

■ 学制

1つめは1872年に出される「**学制**」。国民の教育水準を高めることで国の経済力をアップさせ、強い軍隊をつくろうとするもの。

まず、**6歳以上の男女全員が小学校教育を受ける**ことになり、各地に小学校がつくられる。江戸時代からの寺子屋をもとにしたものも含めて、数年で全国で2万以上の小学校がつくられる。

■ 兵制

制度改革の2つめは「**兵制**」。近代的な軍隊をつくるため、1873年に**徴兵令**が出されるんだ。江戸時代では、武器を持って戦うのは武士だけだったよね。

明治政府はこの徴兵令によって**満20歳以上の男子全員に兵役の義務**を課す。これを国民皆兵というよ。

この徴兵令には農民も士族も不満を高め、強く反対をする。

農民が反対するのはわかるけど、士族が反対するのはなぜでしょうか？

うん、働き手をとられる農民が反対するのはわかるよね。徴兵反対の一揆も起こる。いっぽう、士族はこれまで刀を差して街を歩き、戦争時は先祖代々、プロとしてのプライドを持って命がけで戦ってきた。それが刀を取り上げられ、戦うことが特別の仕事ではなくなってしまったんだ。これでは武士としてのメンツが立たないし、支給されていた米もなくなり、彼らとしては散々だったわけ。士族たちには強い不満が生まれ、各地で反乱を起こす者もあらわれるよ。

■ 税制

3つめは「**税制**」。「富国強兵」の「富国」にあたる制度改革だ。財政を安定させるために1873年から**地租改正**を数年かけて全国で実施する。江戸時代は収穫量にあわせて米を納めさせる年貢が基本だったよね。これだと米の価格の変動によって、収入が不安定だ。そこで明治政府は地租改正によって、**土地の価格である地価をもとに決めた税（地租）を、土地の所有者から現金で徴収する**ことにするんだ。

政府はこの地租改正をおこなうにあたって、まず土地の測量と収穫高の調査をおこなう。その結果をもとに地価（土地の値段）を定めるよ。そしてその地価と土地の所有者を記した地券を発行して、所有者に渡すんだ。

土地の税金である地租は地価の3%だったんだけど、この額はそれまでの年貢の負担とほとんど変わらない。そこで、御一新によって生活の向上を期待した農民の不満が爆発し、各地で地租改正反対一揆が起こるんだ。結局、1877年に地租は３％から2.5%に引き下げられることになるよ。

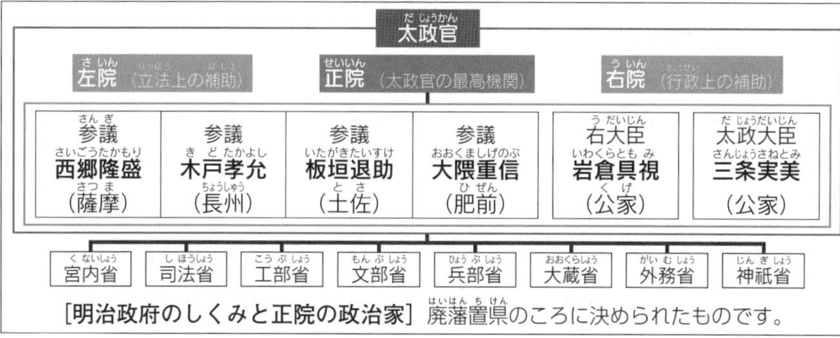

[明治政府のしくみと正院の政治家] 廃藩置県のころに決められたものです。

明治政府の成立のポイント

- **五箇条の御誓文**と**版籍奉還・廃藩置県**によって**中央集権化**をはかる
- **学制**、**徴兵令**、**地租改正**により、**富国強兵**のための制度改革をはかる

テーマ 30

文明開化と殖産興業

文明開化

「ザンギリ（散切り）頭をたたいてみれば、文明開化の音がする」という狂歌を知っているかな？

侍はちょんまげをカットしたザンギリ頭になり、開国によって衣食住すべての面で急激に近代化・洋風化が進むんだ。洋服やコートを着る人が増え、牛鍋など、肉食文化が一般的になる。パンや牛乳など、それまで日本人が食べたり飲んだりしなかったものが広がるのも、明治時代になったばかりのころだよ。街の様子も大きく変化し、れんが造りの洋風建築が並び、ランプやガス灯がつけられた道路には、人力車や馬車が走るようになる。

このように、鎖国をしていた日本が欧米の文化を取り入れて変わっていくことを、**文明開化**と呼ぶよ。

1日24時間、1週間を7日とする**太陽暦**が実施されるのも、明治になったばかりの1872年のことだ。あわせて日曜が休日になるよ。

文明開化のなかで、欧米の知識や学問も広がっていく。「天は人の上に人をつくらず、人の下に人をつくらず」という言葉で有名な、『学問のすゝめ』で「平等と学問の大切さ」についてわかりやすく紹介したのが**福沢諭吉**。この本は70万部をこえる大ベストセラーになるよ。彼は慶應義塾を設立した人としても有名だね。私立学校では、新島襄の同志社が設立されたのも同時期だ。

近代思想でもうひとり、次世代に大きな影響を与えるのは「東洋のルソー」と呼ばれた中江兆民だ。ルソーの思想を紹介して、多くの青年たちが自由民権運動へ参加するきっかけをつくるよ。自由民権運動がどんな運動なのかは、もう少しあとで説明するね。

西洋の知識や学問は江戸時代には幕府によって禁止されていたけど、明治時代になって禁止が解ける。また、活版印刷という印刷技術が広がることで、新聞や雑誌がつぎつぎに発行され、庶民のあいだに新しい思想がどんどん広がっていく。

信仰の自由も認められて、キリスト教の禁止も解かれる。いっぽうで日本古来の神々をまつる神道を国教とする動きもあって、仏教を排除する運動もおこる。

殖産興業

明治時代のスローガンである「富国強兵」の「富国」（豊かな国）への経済発展のために欠かせない交通、通信の整備も進んでいく。

1869年に、日本初の電信が東京・横浜間に開通する。1871年には江戸時代の飛脚に代わる郵便制度が前島密の立案によって始まり、その翌年の1872年には新橋・横浜間に日本初の鉄道が開通する。海運も整備され、日本の沿岸航路を蒸気船が運航するようになるよ。これらはすべて、明治になって５年以内のできごとだから驚きだよね。

［電信の開通］

［鉄道の開通］

また、江戸時代の後期以来、日本の生糸が外国によく売れていたんだけど、さらに生産を増やすために、政府は群馬県富岡市に富岡製糸場をつくる。フランスの技術者を招き、最新技術を導入して生糸を生産する、民間へのお手本となる工場だ。このように、**近代産業を育てるために政府がつくる工場を官営模範工場といって**、ほかの産業の工場も積極的につくっていく。また、**近代産業を育てること**を**殖産興業**といって、「富国強兵」と並ぶ、明治時代のスローガンになっているよ。

[富岡製糸場]

文明開化と殖産興業のポイント

- **文明開化**によって近代化・西洋化が進み、**太陽暦**が実施される
- **殖産興業**のために官営模範工場である富岡製糸場を群馬県につくる

テーマ31 近代的な国際関係

岩倉使節団の派遣

政府は廃藩置県を終えたあと、できたばかりの世界一周航海ルートを利用して、右大臣の**岩倉具視**を全権大使とする使節団を欧米に派遣する。

この使節団は**大久保利通**、**木戸孝允**、**伊藤博文**らを副使として、総勢100名をこえ、そのなかの約半数が留学生、さらに政府の有力者もほぼ半数が参加するという特大規模だ。特大規模だから「いと(とても)大きいわ」として、「いと(伊藤)おお(大久保)き(木戸)いわ(岩倉)使節団」だ(笑)。現在の津田塾大学を創設した津田梅子も女子留学生として参加したよ。

まるで昔の遣唐使みたいですね！　目的は海外諸国の視察ですか？

それもあるけど、いちばんの目的は**江戸時代の終わりに欧米諸国と結んでしまった不平等条約の改正**だよ。

でも結局、この条約改正の交渉は失敗に終わる。近代的な法律の制度が整っていないことなどを理由に、アメリカから断られてしまうんだ。その後使節団はヨーロッパに渡り、2年近く欧米の進んだ政治や産業、社会の状況を直接見ることで、国内を充実させることが最優先だと実感する。「百聞は一見に如かず」、大きなカルチャーショックを味わった経験と、新たに得たヨーロッパについての生の知識が、使節団の帰国後、日本の近代化をおし進めるエネルギーになっていくよ。

隣国との関係

政府はアジアの隣国とも新たな関係をつくろうとする。1871年に清との間に**日清修好条規**という対等な条約を結んで、清と正式な国交をスタートさせる。

いっぽう、日本の江戸時代のように鎖国をして、国交が途絶えていた朝鮮とも新たな関係を結ぼうとするんだけど、朝鮮は明治政府の国書に無礼な文字があるとして受け取りを拒否する。これに対し、新政府の主要メンバーがいない間、日本に残っていた**板垣退助**や**西郷隆盛**は、朝鮮に出兵して、武力で開国させるべきだと主張。この主張を**征韓論**というよ。征韓論は廃藩置県や徴兵令などの改革で立場がなくなりつつある士族から、強い支持を集めるんだ。

[板垣退助（左）と西郷隆盛（右）]
2人とも征韓論を主張した。

ところが、岩倉使節団が帰国すると、岩倉たち帰国組は「今は外国に進出することよりも、日本国内の充実を優先すべき！」と主張し、西郷らの主張を退ける。海外の状況を目の当たりにしてきた帰国組と、海外事情を実感していない西郷たち留守政府組との間に意識のギャップが生まれるのは当然かもしれないね。

征韓論争　帰国組 vs. 留守政府組

- **勝ち〈内政優先を主張する帰国組〉**

大久保利通
木戸孝允
岩倉具視

- **負け〈朝鮮に出兵して開国を迫ることを主張する留守政府組〉**

板垣退助
西郷隆盛（※出兵は反対、使節を派遣するよう主張）

1873年、岩倉の進言で、天皇が征韓論を却下すると、征韓派の板垣と西郷は一部の軍人たちとともに政府に見切りをつけて去ってしまう。2人は今後、それぞれのかたちで政府と対立することになる。

翌年の1874年、政府は軍人たちの不満をしずめるために台湾に出兵する。これは琉球の漂流民が台湾で殺害されたことに抗議しての出兵なんだけど、背景には琉球の支配をめぐる清との対立もからんでいる。台湾を支配する清が日本に抗議するけど、イギリスの仲介で戦争は回避されるよ。

ところで、板垣と西郷が政府を去る原因となった朝鮮問題については、意外な結末となる。それは、1875年、朝鮮半島の江華島付近で日本の軍艦が砲撃を受け、朝鮮に反撃するという江華島事件が起きる。この事件をきっかけにして、日本は1876年、朝鮮に**日朝修好条規**を結ばせる。これは、日本に有利な不平等条約で、日本の領事裁判権や関税の免除を認めさせたんだ。幕末に日本が欧米に無理やり結ばされた条約と同じ内容だね。板垣と西郷が政府を去ったあとに、2人が主張していたとおりの結果となった。

北海道の開拓と沖縄県の設置

政府はロシアとの関係上、蝦夷地の開拓も重視する。

蝦夷地を**北海道**と改めて開拓使を置き、アメリカ式の農業技術を取り入れて、大規模農場を開拓していく。そこでは、職を失った士族たちなどを防備と開拓にあたらせるんだ。こうした人たちのことを屯田兵というよ。

先住民であるアイヌの人たちは土地や漁場を奪われ、伝統的な風習も禁止され、今までの生活を続けることがさらに困難になっていく。

日本の開国以来、日本とロシアどちらの国の領土かが不明確だった樺太（サハリン）は、1875年、ロシアと**樺太・千島交換条約**を結び、樺太がロシア領、千島列島のすべてを日本領とすることで、両国の国境を確定させる。翌年、小笠原諸島は日本の領土であることが国際社会に認められる。**尖閣諸島**は1895年、**竹島**は1905年に、内閣によって日本の領土であることが確定する。

江戸時代以来、薩摩藩に支配され、清を宗主国として朝貢を続ける琉球王国は、1872年に琉球藩とし、1875年には琉球から清への使節派遣を禁止する。1879年には政府が王城（首里城）を占領。琉球藩を廃して**沖縄県**とし、政府の役人を中心とする新体制の政治になる。琉球藩の設置から沖縄県の設置にいたる政策を**琉球処分**というよ。

近代的な国際関係のポイント

- **岩倉具視**・**大久保利通**・**木戸孝允**・**伊藤博文**ら使節団を欧米に派遣
- 清と**日清修好条規**（平等）、朝鮮と**日朝修好条規**（不平等）を結ぶ
- 蝦夷地を**北海道**と改めて開拓使を置き、琉球王国（藩）を**沖縄県**とする

テーマ32 立憲制国家の誕生

自由民権運動の高まり

征韓論を却下されて政府をやめた板垣退助は、1874年に**民撰議院設立の建白書**を政府に差し出す。簡単にいえば、「国会を開け！」と政府に要求するわけだね。建白書というのは、目上の人に出す意見書のことだ。

政府の中心人物である大久保利通はこの要求を一度は無視する。しかし、板垣が高知県に立志社などをつくって影響力をたくわえていくと、大久保は板垣の要求の一部を取り入れて、憲法にもとづく政治体制をつくることを約束するんだ。

1876年、政府は士族に与えていた家禄（秩禄）という生活保障金の支払いを停止する。さらに刀を持つことを禁止する廃刀令を出し、士族に残されていた特権をすべて取り上げる。

こうした大久保の政策に対し、士族の不満は頂点に達して、日本各地でつぎつぎに政府への反乱が起こる。

このような反乱が起こることを恐れていたからこそ、政府は今まで士族に秩禄を与えていたわけだ。それが秩禄停止だけでなく、強気にも刀まで取り上げる法令を出したのは、大久保に勝算があったから。それは、徴兵制によってつくり上げた、武士に頼らない政府軍の存在だ。大久保の勝算どおり、士族の反乱は近代化された政府軍にことごとく鎮圧されていく。

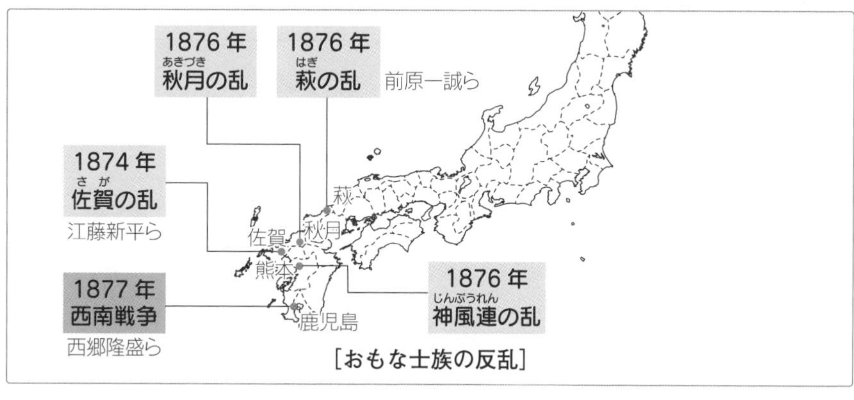

[おもな士族の反乱]

征韓論を却下されて政府をやめていた西郷隆盛は、1877年、板垣退助とは正反対のやり方で政府に対抗する。

西郷は鹿児島の士族にかつがれ、負けを覚悟しながらも、士族の反乱のなかで最大規模の反乱を起こす。それが、半年以上も続くことになる**西南戦争**だ。

西郷軍には戊辰戦争の経験者も多く、農民中心の政府軍を甘く見ていた。でも、兵士がいくら強くても、用いる武器が勝敗を決めるのは戦国時代の武田軍と織田軍の長篠の戦いの例でもわかっていることだよね。徴兵制で集めた新しい政府軍は近代的な武器を用いて西郷軍を破り、西郷隆盛は鹿児島の城山で自害に追い込まれる。

ゴロあわせ

西南戦争
「いやー、なんともならない(1877)西南戦争」

武士(士族)の不満

- **廃藩置県**で武士たちの藩がなくなる
- **徴兵令**によって武士の存在価値がなくなる
- **身分制度の廃止**によって武士の特権がなくなる

↓
全国で武士の不満が爆発
↓

- **1877年　西南戦争**

西南戦争の後、大久保の専制政治への批判がますます強まり、翌年大久保はとうとう暗殺されてしまう。西郷隆盛、大久保利通とならんで「維新の三傑」と呼ばれていた木戸孝允も西南戦争中に亡くなり、政府は**伊藤博文**と**大隈重信**が引きつぐことになる。

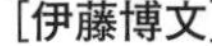

[伊藤博文]

[大隈重信]

西南戦争ののち、政府への反対運動は武力から言論によるものが中心になっていく。

武力では勝ち目がないから、言論で政治を動かそうというわけですね？

そのとおり！　幕末に攘夷、つまり武力で欧米の軍事力に勝てないことを悟った長州藩や薩摩藩が、尊王といって天皇中心の国づくりをする必要性を主張するように方向転換したのに似ているでしょ？

そして、**国民が政治に参加する権利を得ようとする自由民権運動**が全国に広がっていく。板垣がつくった立志社は、日本各地の民権運動の代表者を集めた**愛国社**となる。そしてさらに1880年には**国会期成同盟**へと発展し、国会開設の署名運動をして、8万をこえる署名を集めるよ。

政党の結成

政府は、高まる民権運動を厳しく取り締まっていく。徴兵制によって、武力のおさえ込みはできるようになったから、次は言論をおさえ込もうとするわけだ。

たとえば、新聞紙条例といって、政府を批判する新聞や雑誌を停止したり、発行者を牢屋に入れたりする条例を出していく。また、集会には事前の届け出と許可を必要とし、警察官が集会を監視するという集会条例を出して統制するんだ。

そのいっぽうで、政府は憲法にもとづく政治、つまり**立憲政治**の検討も始めるよ。そして、政府内では大隈重信のように「早く憲法を制定し、国会を開き、イギリスのように進んだ政党政治をすべき！」という意見と、伊藤博文のように「日本にはまだ早い！」という意見が対立するんだ。

そしてちょうどそんなときに、薩摩藩出身で開拓使長官である黒田清隆が、税金で購入した開拓使の施設を同郷の薩摩出身の商人に激安価格で売り渡そうとしていることが発覚する。いわゆる政治「汚職」というやつで、**開拓使官有物払い下げ事件**といわれるよ。

このことで民権運動はさらに盛り上がって、政府は激しく批判される。政府の大隈も黒田を批判し、国会開設についても民権派と同じ主張をするかたちになる。そこで、伊藤は大隈のことを政府非難にかかわったとして政府から追放してしまう。そのうえで、開拓使施設の売り渡しを中止し、**1890年に国会を開くと約束することで、政府批判をおさえようとする**よ。これを**国会開設の勅諭**という。こうして伊藤は政府内のライバルである大隈を蹴落とし、それ以後の政府の主導権をにぎることになるんだ。

国会を開くという政府の決定を受けて、政府を去っていた板垣退助(いたがきたいすけ)は**自由党**(じゆうとう)という政党を結成し、総裁(そうさい)となる。自由党は士族(しぞく)や地主層から支持される革新(かくしん)的な考えの政党だ。同じく、伊藤に政府をやめさせられた大隈重信も、都市の知識人や実業家から支持される**立憲改進党**(りっけんかいしんとう)を結成し、憲法案などを新聞に発表して国会開設に備えていくよ。

しかしこのころ、西南戦争(せいなんせんそう)のためにお金が必要だった政府が増やしすぎた紙幣(しへい)を減らし、増税政策が進められると世の中が不景気になり、政党の運営が難しくなっていく。

さらに、生活に困った農民たちが自由党員と協力して埼玉(さいたま)県の秩父(ちちぶ)など、各地で反乱を起こすと、政府は軍隊でこれをおさえ、民権運動についてもさらに厳しく取り締まるようになる。自由党は解散し、立憲改進党も大隈が党から離れると、民権運動の勢いがおとろえていく。1884年に自由党は解散し、立憲改進党も活動をほとんど中止する。

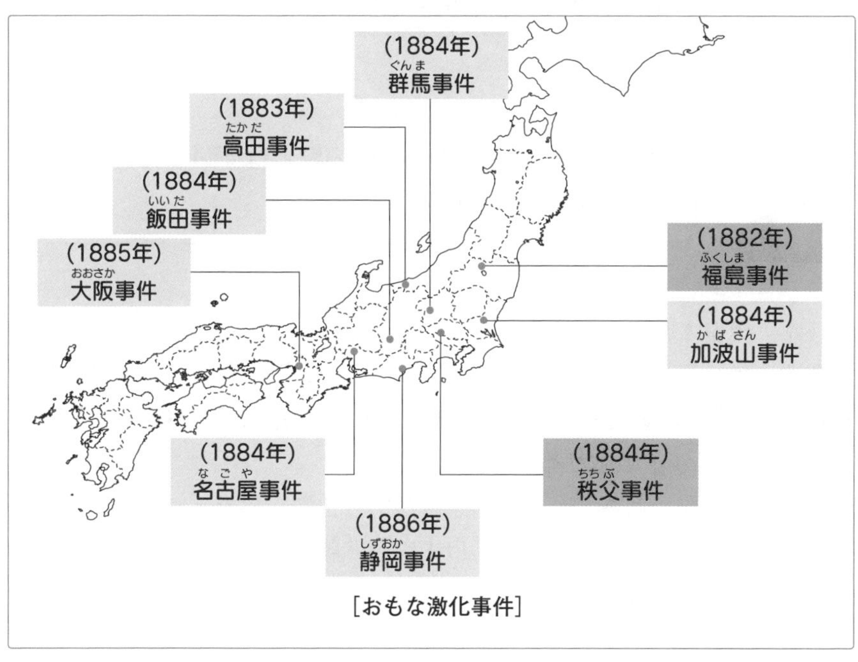

[おもな激化事件]

内閣制度と大日本帝国憲法の制定

国会の開設を約束した政府は、政府以外がつくった民間の政党に政権を奪われないための方策を、急いで立てはじめる。

政府の事実上のトップである伊藤博文はヨーロッパに渡り、国のトップである君主の権力が強大なドイツの憲法を気に入って学ぶ。伊藤は帰国後の1885年、太政官制にかわる**内閣制度**を創設する。

そして、自分で自分を初代内閣総理大臣（首相）に選び、天皇に任命してもらう。そのうえで憲法案をつくり、政府の内部だけで検討して、1889年に**天皇が国民に与えるというかたちで大日本帝国憲法**を発布する。「発布」というのは、一般国民に広く知らせるために「発表」するという意味だよ。

大日本帝国憲法の発布
「いちはやく（1889）発布、大日本帝国憲法」

やっぱり今の日本の憲法の内容とはずいぶん違うものだったのでしょうか？

うん、大日本帝国憲法は今の日本国憲法とはかなり違うよ。いちばん大きな違いは、天皇に絶大な権限がある点だ。**天皇は議会の召集と解散、軍隊の指揮、宣戦といって、戦争を始める権限などを使うことができること**などが定められるんだ。

国民は「臣民」とされ、天皇の家来という位置づけだ。法律の範囲内で言論、出版、集会、結社、信仰の自由などが認められるのは、意外に見落とされがちなことだよ。

伊藤が開設を約束していた国会には、**貴族院**と**衆議院**が置かれる。国民が選挙で選べるのは衆議院議員だけで、貴族院は皇族・華族、天皇が任命した議員で構成されるよ。そして、**衆議院議員の選挙権が与えられるのは、直接国税15円以上を納める満25歳以上の男子**だけとされたんだ。この条件にあうのは国民のわずか約１％！　ただ、これで一応は国民が国の政治に参加する道が開かれて、1890年におこなわれる最初の衆議院議員選挙では、自由民権運動の活動をしてきた野党（民党）が多数を占めることになるよ。

日本もヨーロッパに遅れるものの、ようやく議会政治が始まって、アジアでただひとつの、憲法と議会を持つ近代的な立憲制国家になったわけだ。

政府は憲法を発布したのち、さらに、刑法、民法、商法などの法律も制定する。

学校令といって、小学校４年間の義務教育などの制度も整えるよ。そして教育の柱である**教育勅語**も出される。この教育勅語を学校の儀式のたびに生徒に朗読させる。「忠君愛国」といって、天皇に対して忠義をつくし、国を愛する精神を植え付けようとするんだ。

立憲制国家の誕生のポイント

- 板垣退助が**民撰議院設立の建白書**を出し、西郷隆盛が**西南戦争**で敗北
- 伊藤博文が**内閣制度**を創設し、初代内閣総理大臣（首相）になる
- 1889 年、**大日本帝国憲法**が発布され、選挙権が与えられる

テーマ33

日清・日露戦争

領事裁判権の撤廃

岩倉使節団による不平等条約の改正交渉の失敗以降（163ページ参照）、政府は条約改正を大きな課題として、たびたび交渉を続けてきたんだけど、なかなかうまくいかなかった。

そんななか1886年、日本人を乗せたイギリス船のノルマントン号が和歌山県沖で沈没するという事件が起きる。このとき、イギリス人の船長は船員とともに救命ボートで脱出し、全員助かる。いっぽう、日本人の乗客は見捨てられて全員おぼれ死んでしまう。とんでもない話だよね。

［ノルマントン号事件（ビゴー画）］

それだけではない。日本で起きた事故なのに、領事裁判権を認めてしまっていることから、船長はイギリスの裁判所で裁かれて無罪になるんだ。この事件により、日本人ははじめて領事裁判権を認めることの問題について思い知ることになり、領事裁判権への批判が高まる。江戸時代にはこの不平等条約の危険性を本当にわかっている人は、ほとんどいなかったというわけだ。

その後、日本では国会が開かれるようになり、軍事や産業が急発展していく。すると、今まで条約の改正に反対してきたイギリスは、日本を味方につけることで東アジアに進出するロシアをおさえようと考えるようになる。1894年、イギリスがやっと交渉に応じるようになって、**陸奥宗光外務大臣が領事裁判権の撤廃に成功する**。のちに、ほかの国もイギリスにならって領事裁判権を廃するよ。

領事裁判権の撤廃
「領事裁判権を撤廃するため、いやあ、苦心(1894)」

ちなみに、もう1つの大きな不平等条約である、関税自主権がないことについては、まだ改正にはいたらず、さらに年月がかかるんだ。

日清戦争

日朝修好条規をきっかけに、それまで世界と限定的な国交しか持たなかった朝鮮は開国することになる。

朝鮮は日本と貿易をすることで物価が上昇し、国民の生活は厳しくなっていく。開国によって物価が上がり、人びとの生活が苦しくなるのは日本の開国後と同じ流れだからわかるよね。

1894年、不満を強めた朝鮮の農民たちは、政治改革や、日本人や欧米人の国外追放をめざして反乱を起こす。さらに東学という朝鮮の宗教の指導者のもとに武装した農民たちが集まると、反乱は大規模になって、**甲午農民戦争**に発展するんだ。

これをおさえるために、朝鮮に頼まれた清が出兵すると、日本も朝鮮にいる日本人を保護するという理由をつけて朝鮮に出兵する。

朝鮮にいる日本人を保護するために軍隊を出すなんて、清の軍隊もやってきているのに、日本は思い切ったことをするんですね？

日本人を保護するために出兵するというのは、日本がこじつけた理由だよ。日本は、清が朝鮮の反乱をおさえることで、清の朝鮮に対する影響力が強くなるのを防ごうとするわけだ。西欧諸国が世界中に植民地を拡大していくなかで、日本も朝鮮を植民地にしたいと考えていたんだよ。

そして反乱していた農民たちが政府と和解したあとも、日本軍は退却せず、朝鮮の改革案を清に提案する。朝鮮を支配したいと考えていたのは日本だけでなく清も同じで、清は日本からの提案を拒否する。こうして朝鮮と清を戦場に、**日清戦争**が始まるんだ。

「富国強兵」をスローガンに近代化してきた日本軍は優勢に戦いを進め、なんとアジアの大国、清に勝利する。この戦争をきっかけに、日本は飛躍していくことになる。

日清戦争
「日清戦争で飛躍(ひやく)し(1894)ます！」

1895年、日本の下関で講和条約を結ぶ。下関で結ばれた条約だから**下関条約**というよ。

講和条約とは、**どういう条件で戦争を終了させるかを決める条約**だよ。

ふつうは**戦争に負けた国が、勝った国に出向いて条約を結ぶ**んだ。そして、今回の下関条約のように、**条約を結ぶ場所が条約の名前になる**ことを知っておくと、そのほかの講和条約も整理しやすくなるよ。

この下関条約によって、清は朝鮮の独立を認め、遼東半島、台湾、澎湖諸島を日本にゆずり渡し、2億両（3億1000万円）を支払うことが約束される。この金額は、当時の日本の財政収入の3年分にあたる莫大な金額だよ。

こうして、日本は清に朝鮮との朝貢関係をやめさせ、清の勢力を朝鮮半島から排除することに成功する。朝鮮は近代国家としての体制づくりをしようと、1897年に大韓帝国（韓国）と名前をかえる。そして、清からの独立を宣言し、改革を進めようとするよ。

清から多くの賠償金を得た日本は、その多くを軍隊の増強につぎこんで、残ったお金で政府が運営する八幡製鉄所をつくる。この製鉄所によって、近代産業の材料に必要な鉄鋼の生産が本格的にスタートするよ。日本も西欧に遅れながらも、いよいよ本格的に産業革命を進めていくことになる。

西欧諸国は、近代化が遅れて弱小国だと思っていた日本に清が負けたということで、競って清を侵略していく。鉱山を開発したり、鉄道を敷いたりするなど、いろいろな利権を手に入れて清での勢力を拡大していくんだ。

なかでも中国東北部の満州への進出をねらうロシアは、シベリア鉄道を東にのばしていき、下関条約で日本が獲得した遼東半島を清に返すように、フランス、ドイツにも声をかけて三国で日本にせまってくるんだ。日本もさすがにこの三国に対抗する軍事力はなく、しかたなくこれを受け入れる。このできごとを**三国干渉**といって、日本国内ではロシアへの対抗心が高まっていく。

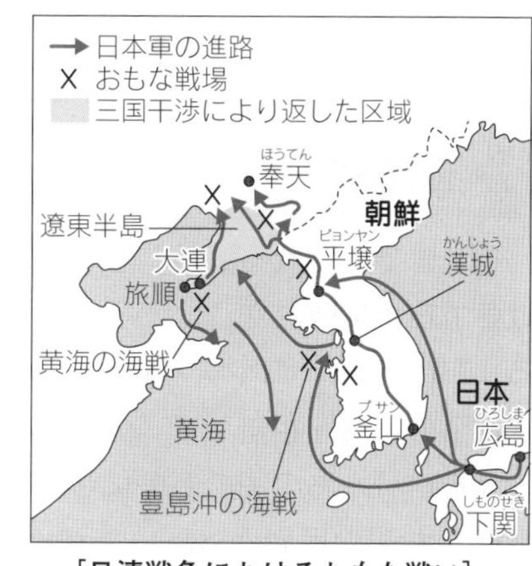

［日清戦争におけるおもな戦い］

その後ロシアは、日本が清に返した遼東半島の旅順と大連を租借して、清を侵略するための拠点とする。まさに弱肉強食の世界だよね。

日本政府はロシアとの戦争に対する備えを進めていく。それを国民も支持するようになる。戦争前は政府と政党（民党）が激しく対立していたんだけど、同じ目的のために両者が協力するようになっていくんだ。政党を育てて議会をスムーズに運営しようと考える伊藤博文は、1900年、立憲政友会を結成して、衆議院の第一党として政党内閣をつくる。この政党はその後、政党勢力の中心的存在となるよ。

また政府は、下関条約で清から得た台湾に台湾総督府を置いて統治を始める。台湾の住民の抵抗を武力でおさえこみつつ、台湾経済のしくみを日本が利用できるようにつくり変えていくんだ。

少しくわしく

「租借」って「借りる」こと？

租借というのは「期限つきで借りる」という意味です。ただ、自国でありながらも清の支配が及ばないという点では、旅順と大連はロシアの領土と変わらないものでした。

日露戦争

それまで「眠れる獅子」と呼ばれて世界から恐れられていた清が、日清戦争で日本に敗れたことから、欧米の国々はいっせいに清に乗りこんでくる。19世紀末、ロシアをはじめ、ドイツ・イギリス・フランスがつぎつぎに清の一部を租借して、港や軍事施設をつくって、鉄道や鉱山の権利と利益を自分たちの国のものにしていく。そしてついに、欧米諸国の侵略に反発した清の民衆が外国人を襲って、外国勢力を排除しようとする**義和団事件**がおこる。

義和団のスローガンは「扶清滅洋」。「清を助けて外国勢力を撃破する」、という意味だよ。日本の幕末の「攘夷」と同じようなことが清でもおこるわけだね。義和団運動は清が助けたこともあって、中国北部一帯に広がり、さらに北京にある各国の公使館を取り囲む。

そして日本や欧米の連合軍が義和団を鎮圧する。その後、ロシア軍は満州を占領してしまう。ロシアはさらに韓国も占領しようと軍を進める。韓国を支配して欧米に対抗しようと考えていた日本にとって、このロシア軍の動きはマズい。清と戦争してまで、韓国を日本の影響下に置こうとしているのに、清よりも強大そうなロシアが韓国を横取りしようと動きはじめたわけだからね。

日本国内では、「大国ロシアとの戦争は、さすがに避けるべきだ」という考えと、「三国干渉によって、力押ししてきたロシアをやっつけろ！」という考えに意見がわかれるんだ。

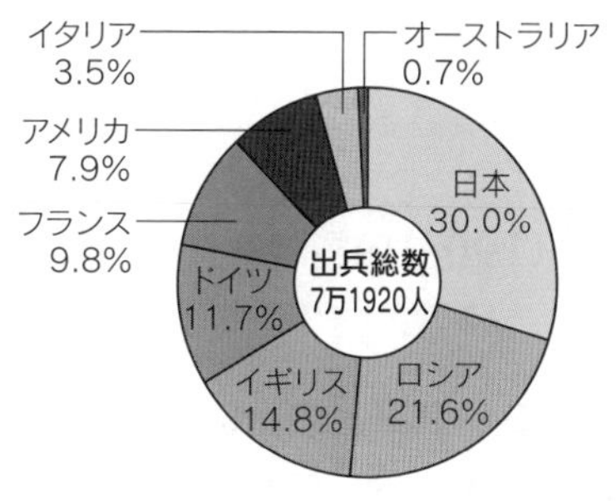

[義和団事件に出兵した軍隊の国別の割合]

そこで、まず1902年、清に多くの利権を持ち、さらにロシアの動きに危機感を持っているイギリスと**日英同盟**を結ぶ。

当時イギリスはどこの国とも同盟を結ばない方針だったんだけど、「敵の敵は味方」ということで、日本との同盟に踏み切るんだ。イギリスにとってもロシアはやっかいな存在だからね。

[ビゴーの風刺画]
日本をけしかけているイギリス、ロシアの南下を快く思わないアメリカを示したイラスト。

この同盟は「日英いずれかの国が一国と戦争する場合は、中立を保つこと」、そして「日英いずれかの国が二か国以上の国と戦争する場合は、もういっぽうの国は同盟国に味方して参戦すること」という内容だ。このことが、じつは日本に大きなプラスをもたらすんだけど（187、188ページ参照）、それはもう少し先の話。

ロシアは満州を占領して、朝鮮半島にも軍事施設をつくりはじめる。危機感を持った日本政府は「ロシアが満州を支配し、その代わりに日本が韓国を支配するのはどうか」という妥協案をロシアに提出する。しかし、ロシアは満州も韓国もすべて自国の領土にしたいと考え、この案を拒否する。こうして1904年、日本はロシアと戦争する道を選ぶことになる。

ゴロあわせ

日露戦争
「いくぜ、おーし（1904）日露戦争」

日本軍は中国東北部でロシア軍との戦いを優勢に進める。そこでロシアは艦隊を日本へ向けて発進させる。これに対して、日本は東郷平八郎が率いる艦隊で迎え撃ち、なんと全滅させてしまう。これを日本海海戦というよ。当時、ロシアの軍事力は日本の10倍といわれているから、これはすごいことだったんだ。

でも、日本の資金と戦力が限界に達して、ロシアが降伏するまで戦いを続けることができなくなる。いっぽうロシアも国内で政治に対する不満が高まって、革命運動が起きる。互いに戦争の続行が困難になるんだ。

そこで、日本とロシアは1905年、アメリカ大統領の仲介で**ポーツマス条約**という、終戦の条件を決める条約を結ぶ。この条約によって、**ロシアは日本が韓国を支配する権利を認め、三国干渉で奪った遼東半島の旅順と大連の租借権、樺太（サハリン）の南部と長春より南の鉄道と土地を日本にゆずること、沿海州とカムチャツカ半島沿岸の日本の漁業権を認める**んだ。

［ポーツマス条約で得た日本の権利］

日本はずいぶん多くのことをロシアに認めさせたんですね！　日清戦争後の下関条約にくらべると、かなりいろいろありますし……。

ところが、下関条約にはあったけど、ポーツマス条約にはある重要なものが抜けているんだ。それがなにかわかるかな？　答えは賠償金。賠償金はふつう、戦争に負けた国が勝った国に支払うものだ。日本は中国でも日本海でもロシアに勝利したけど、ロシアから降伏の宣言は引き出せなかったんだ。

日露戦争によって多くの死者が出て、増税にも耐えてきた日本の民衆は、賠償金を引き出すことのできなかった政府に怒り、その怒りは**日比谷焼き打ち事件**という大規模な暴動に発展する。

さて、清とロシアの戦争に勝った日本は、韓国支配を邪魔する国がなくなったので、韓国を日本の保護国として、外交権をにぎり、韓国統監府を置いて初代統監として伊藤博文を就任させる。韓国の皇帝を退位させ、軍隊も解散させる。これに対して韓国国内では抵抗運動が広がって、独立運動家の安重根に伊藤博文が暗殺されてしまう。

ところが、じつは伊藤は日本政府のなかで韓国を支配することに反対する唯一といっていい人物だった。それが、伊藤の暗殺によって、反対する人がいなくなり、1910年に日本は**韓国併合**といって、韓国を日本の植民地にする。朝鮮総督府という統治機関を置いて、支配を進めていく。学校で朝鮮の歴史や文化を教えることを禁止し、代わりに日本語や日本の歴史を教え、日本人化させるための教育も進めていくんだ。

同じころ、清ではさまざまな政治改革がおこなわれる。しかし、大きな成果が出る前に、清自体を倒して近代的な国をつくろうという運動がさかんになってくる。これも日本の江戸時代、三大改革の後に倒幕運動が起きる動きとまったく同じだね。

清で1911年に軍隊が反乱を起こすと、民衆の革命運動は全国に広がった。欧米や日本で活動していた孫文が臨時大総統となって、**中華民国**が建国される。これを**辛亥革命**というよ。

また、同じく1911年、小村寿太郎外務大臣が関税自主権の回復に成功する。翌年の1912年に明治時代から大正時代に変わることを考えると、明治時代の間、日本政府はずっと、江戸時代に結ばされた不平等条約に苦しめられていたことになるわけだ。

陸奥宗光外務大臣が領事裁判権の撤廃に成功したのは日清戦争直「前」の1894年、小村寿太郎外務大臣が関税自主権の回復に成功したのは日露戦争「後」の1911年だ。法権の回復より税権の回復のほうが時間がかかったわけだね。整理して理解しておこう。

日清・日露戦争のポイント

- **甲午農民戦争**をきっかけとした**日清戦争**に勝利し、**下関条約**を結ぶ
- **日英同盟**を結んだ後、**日露戦争**に勝利、**ポーツマス条約**を結ぶ
- 日本は**韓国併合**をし、中国では**辛亥革命**により**中華民国**が建国される

日本の産業革命と近代文化

日本の産業革命

欧米諸国に遅れるものの、日本は貿易によって経済を急発展させ、西洋技術をどんどん取り入れて産業革命を進めていく。

まず、大きく伸びるのが生糸産業。生糸は、幕末から欧米諸国によく輸出されていたのをおぼえているかな？　民間の工場が官営工場である富岡製糸場などの技術を取り入れていくことで、生糸の品質がさらに高まっていく。日露戦争後には、日本は世界最大の生糸の輸出国になるよ。また、農家の副業である綿糸も近代化が進む工場で大量生産され、中国に輸出されるようになる。

ところで、**生糸や綿糸のような繊維産業のことを軽工業という**んだけど、産業革命は軽工業から重工業に移っていく。**重工業というのは、鉄道や工場の機械、軍艦や大砲などの工業のこと**をいうよ。いかにも重そうだから重工業(笑)。

重工業製品は、それまでほとんどが輸入されていたんだけど、官営の八幡製鉄所が鉄鋼を生産しはじめると、民間でもいろいろな機械製造業が発達していくんだ。

産業革命が進むと、人びとの生活は交通などの面で便利になっていく。それとともに、利益を得て財力をたくわえていくのは、三井、三菱、住友、安田など、政府と手を結びながらさまざまな業種に進出する資本家たちだ。これらの資本家は、やがて財閥と呼ばれる、日本経済を動かす一大グループに成長する。いまでも銀行や保険などでよく見る名前だよね。

いっぽう、工場に雇われた人びとは安い賃金で長時間働かせられる。製糸業では1日18時間働かせるところもあったから、短い睡眠時間以外はずっと働かせられるという、現代のブラック企業のような過酷な労働だよね。あまりに仕事がハードすぎて死者も出る。このような状況のなかで、一部の労働者は自分たちを守るために**労働組合**をつくったり、労働条件の交渉、労働争議を起こしたりする。

これに対して政府は1900年、**治安警察法**を定めて、社会運動の取り締まりを始める。そして、明治天皇を暗殺する計画を立てたという理由で、社会民主党の幸徳秋水ら社会主義者12名を死刑にする大逆事件が起きると、運動への取り締まりもさらに厳しくしていく。いっぽう、**工場法**というものもつくられ、労働条件はちょっぴりマシにはなる。

近代文化

さて、それでは明治時代の文化を見ていこう。

明治維新の時期に日本の伝統文化が否定されるんだけど、しだいにその価値が見直されていく。同時に、絵画や彫刻では西洋の技法が導入されたり、世界的な科学研究家があらわれたりするよ。

岡倉天心はアメリカ人の**フェノロサ**とともに仏像などの日本美術を高く評価して、日本の伝統文化の復興に努める。黒田清輝はフランス留学で印象派を学び、手前を大きく、遠くを小さく描く遠近法という洋画の技法を取り入れた作品を紹介するよ。

近代文学では、話し言葉で書く文章である言文一致体が広がっていく。そのきっかけをつくったのは二葉亭四迷だ。「文学など軟弱なものをやるおまえは『くたばってしめえ！』」と父親から怒鳴られたところから、この「ふたばていしめい」という名前をペンネームにしたという話は有名だ。

そのほか、小説『吾輩は猫である』や『坊っちゃん』を書いた**夏目漱石**や『舞姫』の**森鷗外**も明治時代の有名な文学者だね。

また、明治時代には世界的な科学研究をおこなう日本人もあらわれる。**野口英世**は感染症の研究などで医学の発展に大きく貢献する。北里柴三郎は世界最新の医学を学ぶためにドイツへ留学して、破傷風菌とその治療法を発見するよ。

[野口英世]

[夏目漱石]

[森鷗外]

分野	人物	業績
医学	野口英世	黄熱病の研究
医学	北里柴三郎	破傷風の血清療法を発見
医学	志賀 潔	赤痢菌の発見
薬学	高峰譲吉	タカジアスターゼを創製
薬学	鈴木梅太郎	ビタミンB_1を抽出
天文学	木村 栄	緯度変化の研究
地震学	大森房吉	地震計を発明
物理学	長岡半太郎	原子構造の研究

[おもな医学者・自然科学者とその業績]

作家	代表作
夏目漱石	『吾輩は猫である』『坊っちゃん』
森鷗外	『舞姫』
島崎藤村	『破戒』『若菜集』
与謝野晶子	『みだれ髪』
樋口一葉	『たけくらべ』
石川啄木	『一握の砂』

[近代文学の作家と代表作]

最後に、学校教育も紹介しておこう。

明治時代の終わりには学校に通う子どもの割合、就学率が100%近くになる。これは世界的に見て、驚くほどの高さだよ。義務教育の小学校は4年から6年に延長され、教科書は国が定める国定教科書になる。中学校や高等学校、そして政府の帝国大学のほか、福沢諭吉の慶應義塾などの私立大学もつくられる。「少年よ、大志を抱け」の言葉でも有名なアメリカ人、クラーク博士が創設に貢献した札幌農学校もつくられている。

日本の産業革命と近代文化のポイント

- **労働組合**や社会運動に対して政府は**治安警察法**を定め、取り締まる
- **岡倉天心**、**フェノロサ**が日本美術などの伝統文化復興に努める
- 文学者**夏目漱石**、**森鷗外**や、研究者**野口英世**があらわれる

第12章 大正時代～昭和戦前

大正時代は大正デモクラシーと呼ばれる民主主義を求める運動が盛り上がるところからスタートだ。普通選挙が実現して、民主化が進む。そして、第一次世界大戦をきっかけに日本は工業国へと成長する。国際連盟の常任理事国にもなり、経済力も世界第3位となる。

ところが、大戦が終わると不況が続き、昭和になると不況をこえる大不況、恐慌が起こって日本経済が大ダメージを受ける。国民の不満が高まるなか、軍の暴走が始まり、中国と戦争を始めてしまう。その後、ヨーロッパで第二次世界大戦が始まると、アメリカは日本に石油の輸出をストップするなどして、日本はアメリカとも戦争を始めるという無茶な選択をしてしまう。そして太平洋戦争に突入していく。

フローチャート 大正・昭和（戦前）時代の区分

大正時代

- 第一次世界大戦に参加して勝利する
- 普通選挙法と治安維持法の成立

▼

昭和時代（戦前）

- 日中戦争を始めて長期化する
- 第二次世界大戦、太平洋戦争が始まる

大正＝**第一次世界大戦**の「あと」、**普通選挙法**と**治安維持法**が成立

昭和＝**第二次世界大戦**が始まる「前」、**国家総動員法**が成立

大正と戦前の昭和の重要な法律を、それぞれの世界大戦を軸に対比すると……ほら、頭に入りやすい！（笑）。

第一次世界大戦とロシア革命

第一次世界大戦

19世紀末から植民地をつぎつぎに拡大させていった欧米諸国は、アフリカやアジアにも進出し、植民地の取り合いが激しくなる。

同盟関係のドイツ、オーストリアにイタリアが加わって**三国同盟**を結び、これに対抗してイギリス・フランス・ロシアが**三国協商**を結んで、戦争に備えていくんだ。

この対立のウラには、軍事力を高めはじめたドイツが新たに植民地獲得争いに加わってくるのを、すでに植民地を広げたイギリス、フランスが阻止したいという考えがあることを知っておくと理解が深まるよ。

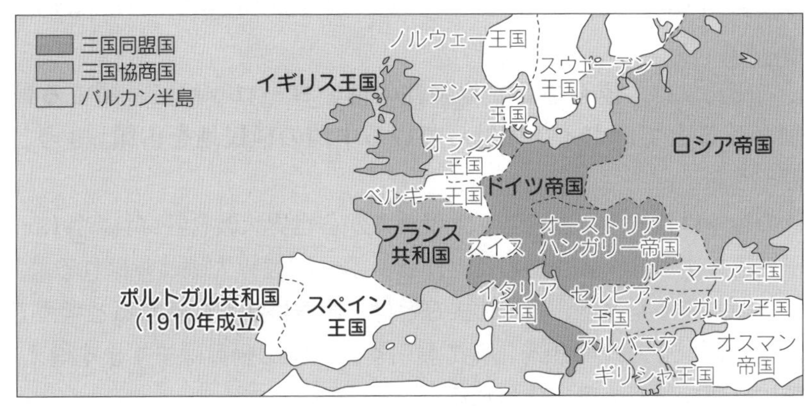

[三国協商と三国同盟]

そして1914年、ボスニアのサラエボという都市で、オーストリアの皇太子夫妻がセルビア人に暗殺されるという事件が起こる（サラエボ事件）。この事件をきっかけにして、三国同盟側の国ぐにと三国協商側である連合国の戦争が始まるんだ。

この戦争はヨーロッパでの戦争で、日本にはもともと無関係だ。ここで、日本は日露戦争前にイギリスと日英同盟を結んでいたのを思い出してほしい。日本はイギリスの味方という立場で、ドイツに宣戦するんだ。

日本は日英同盟を結んでいたから、しかたなく戦争しにいったのでしょうか？　日本にとってのメリットはなさそうですけど？

それがそうでもなく、日本はある目的のために、無理やり参加したというのが実態だ。

まず、「同盟国」といっても、じつはドイツ１国みたいなものだ。三国同盟を結んだイタリアはオーストリアとうまくいっていなくて、結局、オーストリアと組んでいるドイツに宣戦布告をするんだ。

それに対して三国協商の連合国側は、イギリス・フランスという世界二大強国がタッグを組んでいる。そこにロシアが加わり、1917年にはアメリカ合衆国も連合国側に加わるんだ。連合国が圧倒的に有利なのがわかるよね。

そこで日本は、**遠く離れて危険性の低いヨーロッパで、勝てる戦争に加わることで、ドイツの持っている中国の植民地を占領**しようとし、実際そうなる。

この戦争は世界中を巻きこんだ戦争だから世界大戦と呼ばれ、後に、もう一度このような大戦があることから、**第一次世界大戦**と呼ばれるよ。

戦争が始まったとき、多くの人びとは、戦争はすぐに終わると考えていたんだけど、そんな予想をこえて長引く。兵士の動員はますます増えて、戦争に必要な物も大量に使われるんだ。

結局、戦争は、4年あまり続く長期戦になる。戦車、飛行機、潜水艦、毒ガスなど、近代技術を活用した新兵器が使われて、これまでの人類史上最大の死者が出る。

多くの場合、戦争は兵士が戦闘をするもので、国民は意外と日常と大きく変わらない生活を送るんだけど、この大戦では、ヨーロッパ諸国の国民全員が戦争を第一優先として動く、総力戦となるんだ。

第一次世界大戦
「第一次世界大戦、日本の危険は低(ひく)いよ(1914)」

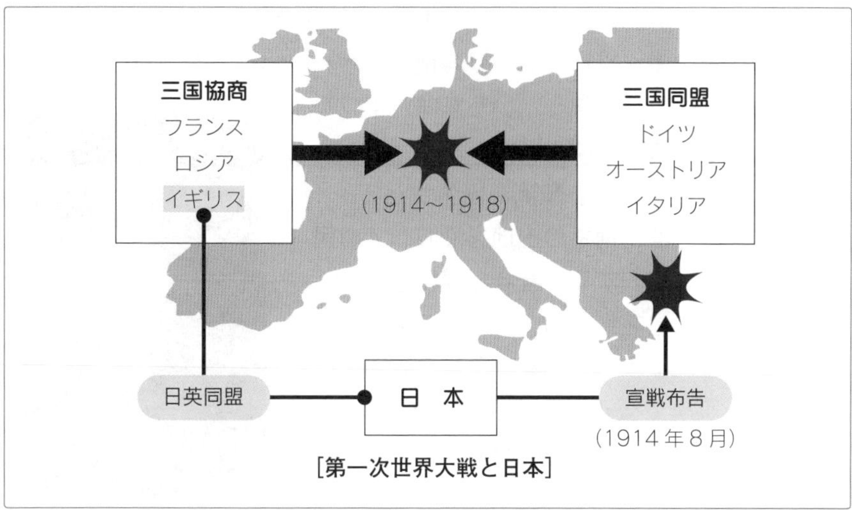

[第一次世界大戦と日本]

ヨーロッパ諸国が戦争で中国支配に力を入れる余裕がなくなったすきをついて、日本は1915年、中国に**二十一か条の要求**を出す。これは、「ドイツが山東省(シャントン/さんとう)に持っている権利を日本にゆずること」、「旅順(リュイシュン/りょじゅん)・大連(ターリエン/だいれん)の租借(そしゃく)期限と南満州(まんしゅう)鉄道の権利期限を99年延長すること」などを求めるものだ。99年って、当時の人の寿命より長い期間だから、相当な長さだよね。

日本の要求に対して中国は、国の状態が不安定なこともあって、しかたなく受け入れる。こうして中国の人びとの日本に対する反感が高まっていく。

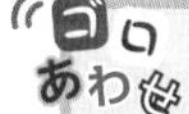

二十一か条の要求
「二十一か条の要求、ひどくいこう(1915)」

ロシア革命

世界大戦で総力戦が続くなか、ロシアでは食料や物資の不足が深刻化する。そして戦争をやめない皇帝や政府に対する不満が爆発し、1917年に労働者による抗議運動（ストライキ）や兵士の反乱が起こり、そうした人びとの代表会議（ソビエト）が各地に広がっていく。ちなみにソビエトとは、ロシア語で「会議」という意味だよ。

そして、**レーニン**の指導のもと革命が起き、皇帝を処刑して**ソビエト政府**を誕生させる。

ソビエト政府は、地主の土地を没収して農民にわけ与えると発表する。社会主義にもとづく国家をつくることを宣言し、首都をモスクワに移すんだ。これによって、資本主義の弊害に反対し、より平等で公正な社会をめざすという、社会主義にもとづく世界初の政府ができるわけだ。このことを**ロシア革命**というよ。

[レーニン]
ロシア革命の指導者レーニンは、帝国主義を否定し、社会主義の世界革命をめざした。

ロシア革命は、資本主義に不満を持っている世界中の人びとに希望を与える。レーニンは、社会主義をめざす各国の代表を集めた国際的な組織もつくるんだ。ドイツではロシア革命の影響によって、社会主義者たちが運動を起こしはじめる。

このような社会主義運動が広がっていくことを、欧米、そして日本は大いに警戒する。

社会主義は「完全な平等」を理想とするから、もしその考えが自分たちの国に広がれば、天皇も王様も首相も貴族も社長も資本家も、いらなくなってしまう。イギリスや日本など王や天皇がいる国、フランスやアメリカなど資本家がいる国にとって、それは非常にマズい。

そういうわけで、これらの国は協力して、革命政府を倒そうとシベリアに出兵する。でも、このシベリア出兵は大きな損害を受けるものの、たいした成果もなく、失敗に終わる。さらに、この社会主義運動を防ぐためのシベリア出兵が、日本で思わぬ事態を引き起こす。

日本国内では「シベリア出兵によって大量の米が必要になり、米が足りなくなって値段が上がるだろう」と考え、米の買い占めや売りおしみをする者があらわれる。そして1918年、富山の主婦が米の安売りを求めて米屋におしかけるという事件が発生。この事件が報道されると、全国各地で70万人以上の人びとが米屋を襲撃するという、まるで江戸時代の打ちこわしのような**米騒動**に発展するんだ。

これに対して政府は軍隊を出して鎮圧する。このことで民衆の怒りがさらに増す。社会主義運動を防ぐためのシベリア出兵が、まわりまわって日本国内でも社会運動をかえって盛り上げることになる。

第一次世界大戦とロシア革命のポイント

- 三国同盟側と三国協商側で**第一次世界大戦**がおき、日本も参戦する
- 1915年、日本は中国に**二十一か条の要求**を出す
- **レーニン**指導のもと**ロシア革命**が起き、**ソビエト政府**が成立する

テーマ

36 第一次世界大戦後の世界

ベルサイユ条約と国際連盟

1918年になると、休戦を申し出たドイツでも革命が起こって、帝政が倒れる。こうして、多くの犠牲者が出た第一次世界大戦は、連合国側の勝利で終わる。1919年、パリで講和会議が開かれ、**ベルサイユ条約**が結ばれるよ。

条約によって、ドイツは領土の一部と植民地をすべて失い、とてつもない額の賠償金を支払うことになる。ベルサイユ条約によって成立したヨーロッパ諸国の関係をベルサイユ体制というんだけれど、この体制はイギリスやフランスなどの戦勝国に有利で、ドイツにとってはめちゃくちゃ不利だった。追いつめられたドイツはこの後、またさらに戦争の道に進み、第二次世界大戦へと進んでいく。

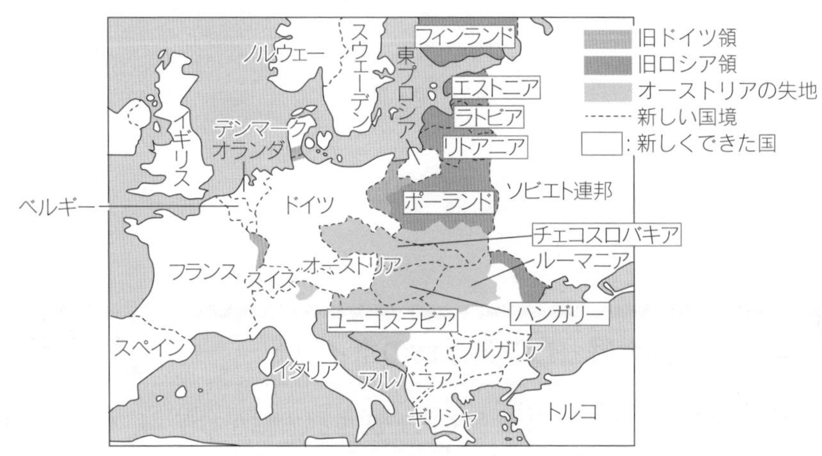

[第一次世界大戦後のヨーロッパ]

また、アメリカのウィルソン大統領の提案、14か条の平和原則に盛りこまれた「民族自決」の原則にもとづいて、バルカン半島や東ヨーロッパに新しい国が誕生する。世界平和を守るはじめての機構である、**国際連盟**の設立もウィルソンの提案のひとつで、1920年に発足する。**スイスのジュネーブに本部が置かれて、イギリス、フランス、イタリア、日本が常任理事国になったものの、アメリカは国内の反対によって加盟できず、革命が起こっていたロシアも加盟できなかった。**国際連盟は第二次世界大戦後に発足する国際連合と違って軍隊も持たないので、不完全な組織となる。

国際協調の高まり

第一次世界大戦をきっかけに急成長する国が２つあるんだけど、わかるかな？　答えは、アメリカと日本だ。

アメリカは大戦の被害が少なかったうえに、貿易によって「黄金の1920年代」と呼ばれる経済発展を遂げる。それまで世界をリードしていたイギリスは大戦の被害が大きく、**第一次世界大戦を機に、世界経済の中心はアメリカに移る。**アメリカは国際的な発言力を増し、「アメリカが言うなら従うしかないか」と西洋諸国に思わせるだけの影響力を持つようになる。

日本もまた大戦中の貿易、いわゆる大戦景気で経済力が高まり、工業国へと進化する。戦勝国である日本は、アジア・太平洋地域のドイツ利権を引きつぎ、国際連盟に加盟して発言力も増し、世界から一流の大国として見られるようになる。

国内では戦時中の好景気によって急に大金持ちになった成金があらわれ、なかにはお札に火をつけて明かりにする、とんでもない人の絵なども描かれるよ。

そんな日本の急成長を見過ごさないのが、世界トップの強国となったアメリカだ。

トップに立った者がその地位を守るために、新たに力をつけてきた者を警戒して、排除しようとするのは、これまでの日本の歴史でもくり返されてきたことだよね。

アメリカは、アジア・太平洋地域の日本の勢力拡大をおさえようと、1921 ~ 22年、**ワシントン会議**を開く。この会議で主要国は**主力の戦艦などを持つことを制限する**ことに合意する。そして、アメリカは日本が持っている山東省の権利を中国に返させることを各国に呼びかける。世界から孤立するのをおそれた日本はしかたなく山東省をあきらめる。まるでロシアが遼東半島を清に返すように迫ってきた三国干渉のときのようだよね。日本はしかたなく、この時点では、アメリカなどの国ぐにと協力していこうという姿勢をとる。

1920年代後半になると、ロシアが中心となって成立した**ソビエト社会主義共和国連邦**（**ソ連**）を各国が認めて、ドイツが国際連盟に加入するなど、ヨーロッパの国際関係が安定してくる。

こうした世界の動きを「国際協調がはかられる」というよ。世界の国ぐには第一次世界大戦の反省から、「諸外国と協力しながら歩んでいこう」という考えを持つようになっていくんだ。

1928年には15か国が不戦条約に調印し、1930年にはロンドン海軍軍縮 会議が開かれ、日本とイギリス、アメリカはワシントン会議での主力艦制限に加え、**補助艦の保有制限**にも合意する。

アメリカ	5
イギリス	5
日　本	3
フランス	1.67
イタリア	1.67

[主力艦の保有量の比率]
（ワシントン会議）

アメリカ	10
イギリス	10
日　本	7

[補助艦の保有量の比率]
（ロンドン海軍軍縮会議）

民族運動の高まり

日本の植民地となった朝鮮では、自由が厳しく制限されるなか、民衆の抵抗が続いていた。そして1919年3月1日、日本からの独立をめざす民衆が「独立万歳」をさけびながら、大規模なデモをおこなう。デモや集会は短期間のうちに朝鮮各地に広がって、朝鮮総督府や警察のほか、軍隊も出してデモを鎮圧する。3月1日から始まった運動だから、**三・一独立運動**というよ。

この後、日本は朝鮮に対して、言論、出版、集会の自由を一部認めたり、教育制度を広げたりするなど、軍事力での支配をゆるめ、朝鮮の人びとの近代化を求める活動が活発になっていく。

第一次世界大戦後、中国はドイツから日本に渡った国内の権利を返してもらうことを主張する。しかし、大戦の講和会議で山東省のドイツの権利を日本が引きつぐことが認められると、中国の反日感情がついに爆発する。

1919年5月4日、北京で学生集会がおこなわれると、中国各地で日本を批判する集会やデモが起こる。そしてさらに、帝国主義に反対する国民運動に発展していくんだ。5月4日の学生集会から始まった運動だから**五・四運動**と呼ばれるよ。

この運動をきっかけに、辛亥革命によって中華民国の総統となった孫文が中国国民党をつくり、1921年には中国共産党の結成にもつながっていくんだ。

インドでは大戦に協力する見返りとして、自治を認めるという約束をイギリスが無視する。そこで、「非暴力・非服従」をとなえるガンディーの指導のもと、イギリスからの独立運動が高まっていく。

第一次世界大戦後の世界のポイント

- **ベルサイユ条約**が結ばれた後、**国際連盟**が設立され、日本も加盟
- **ワシントン会議**とロンドン海軍軍縮会議で、日本は軍備縮小に合意
- 1919年、朝鮮で**三・一独立運動**、中国で**五・四運動**が起きる

テーマ 37

政党政治の発展と大衆文化

政党政治と大正デモクラシー

日露戦争前後から、日本では藩閥と官僚が中心の内閣と、政党を基盤とする内閣が交互に政権を担当してきた。

そのようななか1912年、長州藩閥の陸軍大将、桂太郎内閣が議会を無視して三度目の内閣を組織すると、政党と政党を支持する人びとが桂内閣、藩閥打倒をかかげた運動、**第一次護憲運動**（**憲政擁護運動**）を起こす。

この運動は日本各地で起こり、暴動に発展していく。そして藩閥・官僚が支持する桂内閣は、60日あまりで総辞職することになる。このことは、大日本帝国憲法のもとで、国民の運動によって内閣が倒される唯一の例となるよ。

そしてこれ以降、国民の意見を政治に反映させるべきだという風潮が高まっていく。

政治学者である**吉野作造**は「普通選挙によって、国民の意見を尊重した政治をおこなうべきだ」という民本主義を主張する。

[吉野作造]

「民本主義」って、つまりは「民主主義」と同じ意味だよ。ただ、「民主主義」という言葉を使うと、「国民に主権がある」ということになる。これでは、大日本帝国憲法の「天皇主権」を否定するとみなされて罪に問われてしまう。だから、「民本主義」という言葉に置きかえたわけだ。

さて、この民本主義の考えが広がると、普通選挙運動となって全国的な民衆運動に発展する。また、憲法学者である美濃部達吉は、主権は国家にあって、天皇は国家の最高機関として憲法に従って統治するものだという天皇機関説を主張。政党が担当する内閣を後押しするよ。

このような国民が主体となって国の政治を動かすべきだとする民主主義を求める大正時代の運動は、**大正デモクラシー**と呼ばれるようになる。

社会運動の高まり

大正デモクラシーが盛り上がっているころ、教育の普及(ふきゅう)もますます進み、新聞や雑誌によって、社会の動きや新しい考え方に関心を持つ人びとが多くなる。そして、デモクラシーの高まりやロシア革命によって、**「民衆が団結すれば政治を動かすことができる」**という希望が民衆の間に広がり、社会運動が活発になっていく。

そのようななか、女性差別からの解放をめざす、女性運動が盛り上がっていく。

平塚(ひらつか)らいてう(ちょう)は1911年に青鞜社(せいとうしゃ)を結成。「女性は家を守るもの」だとされていた古い考えから女性を解放しようとし、政治活動の自由、女子高等教育の充実化、男女共学など、今だったら当然のことを求める運動をくりひろげるんだ。

そして、第一次世界大戦が終わると、ヨーロッパの産業が復活して、日本の輸出量が減少する。経済は好景気から一転、不景気に突入してしまうんだ。そこで、労働者たちは自分たちの労働条件を向上させるために、全国規模の労働組合をつくって、**労働争議(ろうどうそうぎ)**を起こすようになる。

農村でも、小作人(こさくにん)が地主(じぬし)に支払う田畑使用料である小作料の引き下げを要求する**小作争議(こさくそうぎ)**がひんぱんに起こり、農民組合の全国組織もつくられる。不景気が長引くと、労働者や農民の生活はさらに苦しくなって、激しい行動をとるようになっていく。

社会主義の活動もさかんになり、1922年にはひそかに日本共産党が結成される。

ところで、共産主義というのは、個人が財産を持つことを認めず、すべてを共有することによって、貧富(ひんぷ)のない社会を実現させようとする思想のことだ。社会主義は共産主義に進むための第一段階だと考えられていた。

また、差別によって人権を奪われている人びとの運動も起こる。

差別を受けている人たちは団結して、差別からの解放、職業の自由などを求める**全国水平社(ぜんこくすいへいしゃ)**を結成すると、その運動が全国に広がっていく。

そして1923年9月1日、激しい地震が関東地方を襲い、東京・横浜を中心に大規模火災も発生し、これらの地域は壊滅状態になる。この**関東大震災**での死者・行方不明者は10万人以上、日本災害史上最大級の被害だ。

[関東大震災後の様子]

関東大震災
「ひどい震災、関東大震災はとくにさ(1923)」

この震災はそれだけでは終わらない。混乱のなかで、朝鮮人が暴動を起こすというデマを信じた日本人が、朝鮮人たちを殺害するという事件が各地で起こる。朝鮮人だけでなく、朝鮮人に間違えられた中国人や日本人も殺害の対象となり、軍人や警官による社会主義運動家の殺害事件も起こる。

また、この震災によって、日本の不景気がさらに悪化してしまうんだ。

普通選挙法と治安維持法

米騒動の責任をとって、当時の内閣が総辞職すると、立憲政友会の党首、原敬が首相になる。原は、華族でも軍人出身でもないはじめての首相だ。そして、軍部、外務大臣以外の大臣がすべて政友会党員という、はじめての本格的な**政党内閣**が成立するんだ。

うーん、「本格的な政党内閣」って、どういうことですか？　今までは政党員以外が中心だった、という理解でいいでしょうか？

そういうこと！　これまでは総理大臣はもちろん、ほとんどの大臣は薩摩藩や長州藩などが出身の藩閥で、もともと力を持っていた人がなっていたんだ。でも、原は薩摩藩出身でも長州藩出身でもない、いわゆるふつうの人だ。選挙に当選し、政治家になり、同じ考えを持った政党のリーダーになって総理大臣になったはじめての人、というわけだ。「平民宰相」として、国民の期待が集まるよ。

しかも、まわりの大臣たちもほとんどが薩摩藩や長州藩出身ではなく、きちんと選挙で当選して、原と同じ考えを持った政党のなかから選ばれて内閣がつくられた。このことを、「**本格的政党内閣**」というよ。

さて、そんな政党内閣の原だけど、野党から求められた年齢・性別以外で制限しないという普通選挙法については、「まだ早い」として賛成しなかった。選挙資格の納税制限をなくしてしまうと、お金のない社会主義者に票が集まってしまうと考えたからだ。そのいっぽうで選挙権の制限をゆるめ、選挙権を持っている人の支持を集めるよ。しかし、その後、原はひとりの青年によって刺殺され、また非政党内閣がしばらく続くことになる。

1920年代になると、出身・身分・財産・納める税金の額などで選挙権を制限しない、普通選挙の実現をめざす普通選挙運動が盛り上がってくる。そして1924年、政党から内閣を組織する各大臣を入れないで、貴族院を中心に組織した内閣が成立すると、政党勢力は第二次護憲運動を起こし、衆議院選挙では、藩閥政治に反対する憲政擁護と普通選挙実現をめざす3つの政党が勝利する。

これらの政党をもとにして、憲政会党首の加藤高明を総理大臣とする連立内閣が成立する。この後、犬養毅内閣が五・一五事件で倒されるまでの８年間、衆議院の二大政党のトップが交代で内閣を組織することが慣例になるよ。これを「憲政の常道」という。

1925年、加藤内閣は**25歳以上の男性すべてに選挙権を与える普通選挙法**を、貴族院などの反対を押し切って成立させる。19「25」年に、「25」歳以上の男性に選挙権を与える普通選挙法が制定されるから、「25」つながりでおぼえると忘れないよ(笑)。

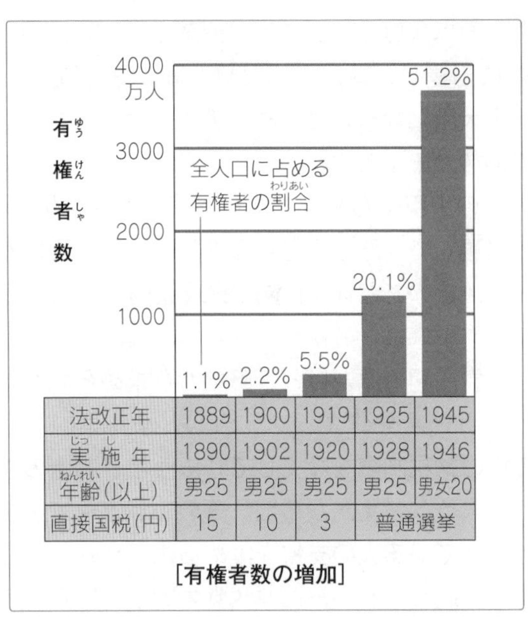

法改正年	1889	1900	1919	1925	1945
実施年	1890	1902	1920	1928	1946
年齢(以上)	男25	男25	男25	男25	男女20
直接国税(円)	15	10	3	普通選挙	

[有権者数の増加]

いっぽうで政府は、普通選挙法と同時に、民衆の社会運動を取り締まる**治安維持法**を制定する。この法律により、天皇制の否定や社会主義をめざす運動を厳しく取り締まっていくことになる。

この後、この治安維持法により戦争に反対する平和主義者や、植民地の独立運動をおこなう人びとをつぎつぎに逮捕して拷問したり、処刑したりしていく。取り締まりを担当する特別高等警察（特高）の人員も増やされて、政府に批判的なあらゆる運動を取り締まるために利用されていくんだ。江戸時代の、あの悪名高い、生類憐みの令以上の恐怖の法律といえる。

治安維持法
「とくにゴメンな(1925)、治安維持法」

大衆文化と都市生活

大正時代は、明治時代以上に都市が発達していく。ガス、水道、電気の普及によって、西洋風の生活様式がブームになる。

都市には幅の広い舗装された道路が通って、上下水道や公園も整備される。人力車に代わって電車や自動車、バスが走るようになる。とくに東京は関東大震災によってめちゃくちゃになってしまったから、都市を新たにつくり直すことで、大きく変化するよ。

洋服を着る男性も多くなり、給与生活者（サラリーマン）を中心に背広（スーツ）姿が多く見られるようになる。バスガールや電話交換手など、「職業婦人」と呼ばれる働く女性が増えはじめ、女学生の制服に洋服が採用されたことなどから、女性にも洋服が広がる。この当時、洋服でおしゃれをした男女の若者たちは、モボ（モダンボーイ）・モガ（モダンガール）と呼ばれるよ。

「衣」が変わると同時に「食」も変わっていく。

一般的な家庭の食卓にも、パンやコロッケ、ライスカレー、オムレツ、シチューなどの洋食が広がるよ。チョコレートやキャラメルなどのお菓子が庶民に楽しまれるようになるのもこのころだ。

そして「住」。生活する環境にも大きな変化がおこる。農村だった郊外に建てられた洋風の住宅から、都心に電車通勤をする人も出てくる。

そして、教育やメディアの発達とともに、多くの人びとに受け入れられる**大衆文化**が生まれる。「大正文化」は「大衆文化」とおぼえておこう（笑）。

発行部数が100万部をこえる新聞があらわれたり、大衆雑誌の「キング」や、児童文学雑誌の「赤い鳥」などが創刊されたりするよ。新聞や雑誌の普及は、大正デモクラシーの広がりに、大きな役割を果たすんだ。

そのほか、新たなメディアも生まれる。トーキーという有声映画が登場し、観客が急増。レコードも普及して歌謡曲が流行し、1925年にはラジオ放送も始まって、新聞にならぶ情報源となる。

学問では、『善の研究』で東洋と西洋の哲学を統一した独創的な哲学者、西田幾多郎があらわれる。

文学でも、芥川龍之介のような新しい感覚で作品をあらわす作家や、今でいう〝ブラック企業〟以上のひどい労働をさせられる人たちを描いた、プロレタリア文学の小林多喜二、人道主義の理想をかかげた志賀直哉をはじめ、谷崎潤一郎など近代文学を代表する作家がつぎつぎに出てくるよ。

政党政治の発展と大衆文化のポイント

- 桂太郎が**第一次護憲運動**により退陣、**大正デモクラシー**がさかんになる
- **労働争議**や**小作争議**がおこり、差別をなくす**全国水平社**も結成される
- 1925年、**普通選挙法**と同時に、民衆を取り締まる**治安維持法**を制定

テーマ38 世界恐慌とファシズム

世界恐慌

1929年、アメリカのニューヨーク株式市場の株価が大暴落する。アメリカの銀行や工場がつぎつぎに倒産し、農産物の価格も暴落。大勢の失業者たちが、街中にあふれてしまう。

アメリカは第一次世界大戦後、イギリスに代わって世界経済の中心になって、多くの国と経済関係を持っていたから、世界中にこのような金融パニックが広がる。これを**世界恐慌**というよ。

各国の政府はこの世界恐慌の危機を切り抜けるために、自分たちの国だけを守る対策を進めたので、大戦後の国際協調体制が崩れていくことになる。

アメリカは、政府が積極的に経済にかかわるようにし、ダムをつくるなど、**大規模な公共事業をおこすことで仕事を増やし、失業者を雇うというニューディール政策**をとるよ。

植民地の多いイギリスやフランスは、本国と植民地の関係を強めて、ほかの国の商品に対する関税を高くする。**自国と植民地の関係だけで経済を成り立たせようとするブロック経済**をおこなう。

レーニンが亡くなったあとに、ソビエト政府の指導者となったスターリンは、工業化や、農業の集団化など、社会主義政策を進めていく。また、反対する人をつぎつぎに処刑したり、収容所に送ったりする独裁政治、スターリン体制をとる。

「五か年計画」と呼ばれる社会主義国ならではの計画経済によって、資本主義国の世界恐慌の影響は受けず、国力を高めていく。

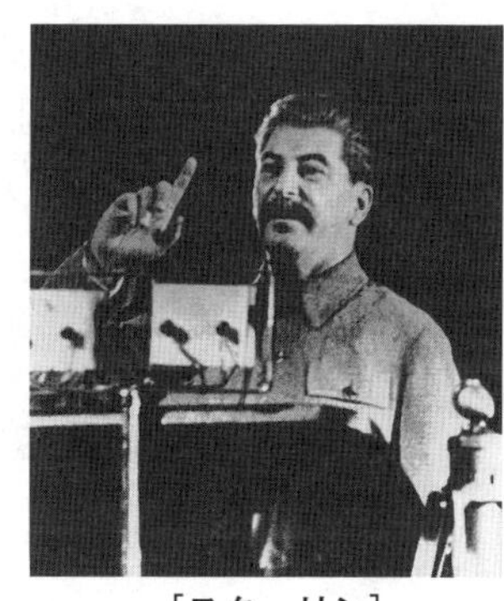

[スターリン]

スターリン体制に反対した人々は、シベリアへの強制移住や処刑などの弾圧を受けた。

そして、日本は第一次世界大戦後の不況、さらに関東大震災によって経済力が落ちこんで苦しんでいたこともあり、世界恐慌の影響を思いきり受けてしまう。

世界恐慌の発生源であるアメリカは、最大の生糸の輸出先だ。それが世界恐慌によって生糸が売れなくなり、まゆの価格が暴落する。米価の下落も続き、米をつくったり養蚕を営んだりしている農家の収入が大きく減るんだ。

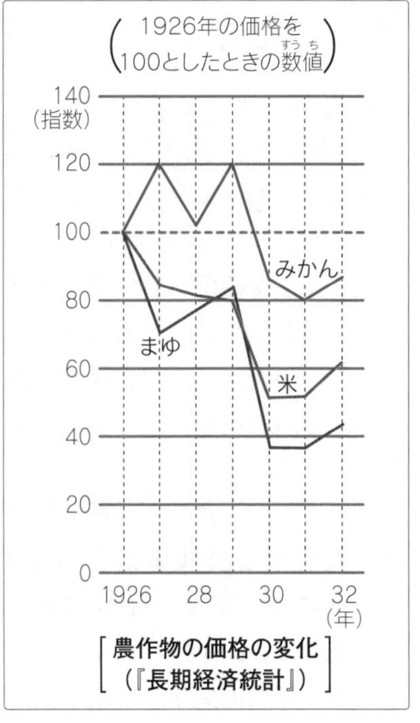

農作物の価格の変化（『長期経済統計』）

また、政府は日本の通貨と外国の通貨の取引価格を安定させるために、大戦中にストップしていた金の輸出を解禁する。ところが、これによって円高になり、外国からすると日本の商品が1割近く値上がりすることになる。そうなると日本の商品は売れなくなる。日本は世界恐慌という最悪のタイミングで金の輸出解禁をしてしまうわけだ。

時代は大正から昭和に移っていたから、この日本国内の大不況のことを昭和恐慌と呼ぶ。

都市では多くの企業が倒産して、失業者が大勢出る。北海道では冷害で大凶作になるし、東北地方では借金のための「娘の身売り」や、学校に弁当を持っていけない「欠食児童」が社会問題になるんだ。

ゴロあわせ

世界恐慌

「とくに苦(1929)しい、世界恐慌」

ファシズム

さて、イタリアは第一次世界大戦の勝ち組だったよね。でも、植民地争いでイギリスやフランスに出遅れて経済がうまくいっていなかったり、領土問題を抱えていたりと、政治も経済も不安定だったんだ。

そうしたなか、1922年、**反民主主義をかかげ、国民の自由を制限し、国民全員を国の軍事力を高めるためにつくさせる**という**ファシズム**の思想を持つ政党、**ファシスト党**が政権をにぎる。

ファシスト党はムッソリーニによって率いられて、国民の不満を外国への侵略という方向に導く。イタリアはエチオピアに侵略して領土を拡大し、さらに軍事力を高めていく。

そして、イタリア以上に大ピンチになっている国があったよね。そう、ベルサイユ条約で、ものすごい額の賠償金を支払うことを約束させられ、国内の経済がめちゃくちゃになってしまっているドイツだ。

どれくらい経済が混乱しているかというと、とてつもないインフレが起きて、たとえば10億円近くするものが、1年後には1円の価値しかなくなってしまう、そんなイメージだ。

そんな状況なのに、さらに世界恐慌に襲われたことで、新たに数百万人の失業者が増え、国民は追いつめられる。

そうしたなか、1933年、ヒトラーの率いる**ナチス**（国民社会主義ドイツ労働者党）が政権をにぎる。

ヒトラーはベルサイユ条約を押しつける民主主義の国ぐにに対する国民の不満をあおり、「ドイツ民族がもっとも優れた民族だ」ということを強調する。その演説のうまさと宣伝活動によって、民衆は夢中になってヒトラーを支持する。

ヒトラーはベルサイユ条約を破って軍隊を増強し、国際連盟から脱退する。そして、自動車道路建設などの公共事業をおこなうことで、大量の失業者の働き口をつくる。

そのいっぽうで、個人の自由を奪い、数百万人のユダヤ人、反社会的だと判断した人びと、障がい者たちなどを殺害し、秘密警察によって国民を徹底的に管理していく。

政党政治への批判

日本政府は政党内閣のもと、欧米との関係を重視した外交をおこなっていた。

1930年に開かれたロンドン海軍軍縮会議に参加して、軍備を縮小する条約に調印したのをおぼえているかな？　これは軍事費を下げることで、国民の負担を減らそうと思ったわけだ。

しかし、この調印に対して、一部の軍人たちが、「天皇の権限を勝手におかすな！」と政党内閣を激しく非難する。

また、中国では反日感情が高まっていて、日本やヨーロッパ諸国が中国国内に持っている権利を取り戻そうという動きが強くなっていた。そんななか、日本の軍人たちは中国との関係でも不満を高めていて、満州やモンゴルに持っている鉄道、遼東半島の租借権を守るためには、軍事的な手段で対処すべきだと主張しはじめる。

総理大臣の浜口雄幸は軍備縮小に反対する青年に狙撃されて退陣する。

そして、政党政治に反対する軍人たちが影響力を持つようになっていくんだ。

民衆の間でも、政党内閣が不況に苦しむ生活をいっこうに改善させてくれないことに対する不満が高まっていく。さらに、政党間の激しい対立や、たびかさなる汚職事件で、民衆は政党への期待を失っていく。

世界恐慌とファシズムのポイント

- 1929年、アメリカ発の**世界恐慌**がおき、日本は昭和恐慌となる
- イタリアで**ファシズム**思想を持つムッソリーニの**ファシスト党**が政権を得る
- ドイツでヒトラーの**ナチス**が政権を得て軍隊を増強、国際連盟を脱退する

テーマ39 日中戦争

満州事変

辛亥革命後の中国では、軍隊を持ったグループ、軍閥が日本の戦国時代のように勢力争いをしていた。そのなかで、亡くなった孫文のあとを引きついだ**蔣介石**の率いる国民政府軍は共産党をおさえて勢力を広げ、1927年に南京を首都とする**国民政府**を打ち立てるんだ。

国民政府は中国東北部（満州）の軍閥と和解して中国を統一すると、日本が持っている南満州鉄道や遼東半島にある日本の租借地を取り返そうと動き出す。

このような中国の動きに対して、満州の中心部を占領していた日本の関東軍は、1931年、南満州鉄道の線路を爆破して（柳条湖事件）、これを中国軍のしわざだとして自作自演、満州を占領するという軍事行動に出るんだ。

［満州事変と「満州国」］

このような軍部の行動に対して、日本の政党内閣や天皇は戦争の拡大を避ける方針を示す。ところが、多くの日本国民は、多くの犠牲を払って手に入れた満州での権利を守るべきだと信じ、新聞で大々的に報道される日本の軍事行動を支持するようになる。

翌年の1932年、関東軍はヨーロッパ諸国からの非難をかわすために、清朝最後の皇帝、溥儀を国のトップである元首とした**満州国**をつくる。もちろん、中国人が建国した独立国のように見せかけているだけで、満州国の実態は日本が支配する、仮の国だ。

強まる軍部の力

満州国をつくったことに対して内閣が反対すると、満州国がつくられた1932年の5月15日、総理大臣の犬養毅が海軍のグループによって射殺されてしまう。事件日から名前をとって、**五・一五事件**というよ。

この事件によって犬養内閣は総辞職し、今後の内閣は軍人が首相になる。**その後、第二次世界大戦後まで政党内閣は復活しない**んだ。

[リットン調査団]

中国は関東軍がつくった満州国に抗議し、ワシントン会議で中国の現状維持を取り決めていた国ぐにも日本の行動を批判する。これを受けて国際連盟は現地にリットン調査団を派遣し、「満州国は独立国家とはいえない」という報告書をまとめるよ。国際連盟の総会でこの報告書が認められると、納得できない日本は国際連盟を脱退する。

それでも日本政府は、アメリカやイギリスを敵にまわすのを避けようと、協調の道をとろうとするものの、影響力を強めている軍は、政府の姿勢に反発を強めていく。

1936年2月26日には、陸軍の若い軍人たちが首相官邸や警視庁などを襲撃し、政府の高官たちを殺傷するという**二・二六事件**が起こる。

軍人たちは、天皇中心の新しい国を成立させて、政治改革を実現しようとするんだけど、これは失敗に終わる。

そして、この事件によって、政党政治家や、アメリカやイギリスと協調しようという重臣の力が弱まって、軍部は軍備の拡張など、自分たちの意見を無理やり通していくようになるんだ。

また、天皇を絶対的な存在とする**国家主義**も強まっていく。社会主義者や、国家主義に少しでも反する言論や活動も取り締まられるようになっていく。

これって、どこかの国に似てきている気がするよね？　そう、ドイツとイタリアだ。

日本は、ファシズムの国ぐにとの関係を深め、1936年にドイツと日独防共協定を結ぶ。翌年にはイタリアを加えた３国の結びつき、日独伊防共協定を結ぶ。こうした結びつきは、日独伊枢軸とも呼ばれるよ。

植民地争いで出遅れて金持ちになれなかった国が協力して、植民地をたくさん持っている国ぐにに対抗しようとするわけだね。

ところで、五・一五事件は総理大臣の犬養毅が海軍のグループに暗殺される事件。二・二六事件は政府高官が陸軍の軍人たちに暗殺される事件。まぎらわしいから、かん違いしないように気をつけよう。

日中戦争

満州国を支配した日本軍は、中国北部に進んでいく。そして1937年、北京郊外の盧溝橋で日本軍と中国軍が衝突し、銃撃戦が起こる。これをきっかけに、日本は中国での軍事行動を本格化させ、国民政府と中国共産党で内戦をしている中国も内戦を中断する。争っていた２つの党が協力して日本に対して戦争する態勢をとる。こうして全面的な**日中戦争**が始まるんだ。

ゴロあわせ
日中戦争
「日中戦争、いくさだな(1937)」

暴走する日本の軍は短期間で占領地域を広げ、国民政府の首都、南京を占領する。このさい、兵士以外の女性や子どもなどの中国人たちを殺害する。

[1940年ごろの満州国と日本]

さて、戦争を有利に進める日本軍だけど、中国大陸は日本の20倍以上の広さだ。日本軍が支配することができたのは一部の重要地域のみにとどまる。国民政府は首都を重慶に移し、アメリカ、イギリスの援助を受けながら戦争を続けるんだ。こうして日本は大量の兵力を中国大陸に投入しながら、終わりの見えない戦いを続けることになる。

日中戦争が長引くにつれて総力戦となり、日本政府は軍部の考えのもと、国民が一丸となって戦争に協力する体制づくりを進めていく。

社会運動を取り締まり、出版や報道の規制、軍部や戦争に批判的な意見の発表もさせなくする。教育は、天皇を中心とする国家へ徹底的につくすことを強制し、自由主義的な思想や学問も、厳しく取り締まるようになる。

1938年には**国家総動員法**という、**戦争に必要な物資や労働力、国民生活のすべてを議会の承認なしで戦争のために使える**という、とんでもない法律を制定する。これは、企業や国民の財産を好きなときに好きなだけ取り上げ、男たちをいつでも兵隊として戦争に行かせることができるという、「戦争のためならなんでもあり法」といったほうがふさわしい法律だ。

また、国会の予算の決定や法律の判断も軍部に逆らうことができなくなり、政党は無力化する。

1940年、残っていた政党は天皇に賛成するという意味の**大政翼賛会**という団体にまとめられる。労働組合も解散させられ、かわりに**大日本産業報国会**がつくられる。「報国」とは「国に報いる」という意味だから、これもまさに戦争のために国につくす団体だ。

こうして、日本は「戦争するための国」へと変化していく。

日中戦争のポイント

- 日本軍が満州を占領し、清朝最後の皇帝を元首とした**満州国**をつくる
- **五・一五事件**と**二・二六事件**を経て、軍部の影響力が強まる
- **日中戦争**が始まり、**国家総動員法**が定められる

テーマ40 第二次世界大戦

第二次世界大戦のはじまり

1938年、ヒトラーの率いるドイツはオーストリアやチェコスロバキアの一部を侵略して併合すると、翌年の1939年にソ連と**独ソ不可侵条約**を結び、ポーランドに進撃する。これに対して、ポーランドを助ける約束をしていたイギリスとフランスがドイツに宣戦布告をする。こうして、**第二次世界大戦**が始まるんだ。

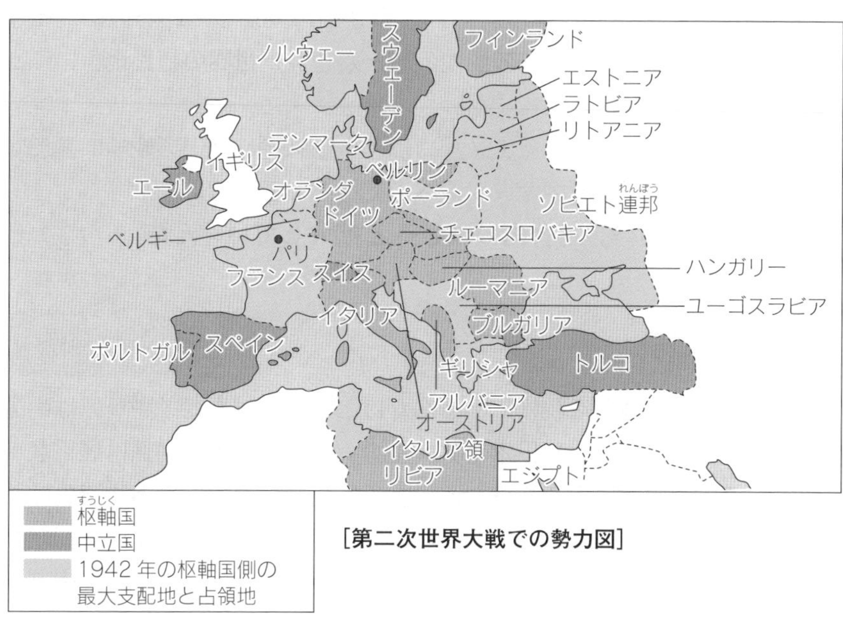

[第二次世界大戦での勢力図]

第二次世界大戦のはじまり
「戦(いくさ)苦しい(1939)、第二次世界大戦のはじまり」

1940年、ドイツはヨーロッパの国ぐにを攻撃しながら、フランスのパリを占領する。フランスを降伏させると、今度はイギリス本土を爆撃する。そしてイタリアもドイツに味方して参戦する。ドイツ軍の勢いは激しく、1941年には独ソ不可侵条約を破って、ソ連にも攻め入って戦争を拡大していく。

ドイツは占領したヨーロッパの国ぐにで資源や食料を奪ったり、住民をドイツに連れて行って無理やり働かせたりしたので、各地で正規の軍隊でない一般人たちも、**レジスタンス**という抵抗運動を起こすよ。

ドイツがヨーロッパをほぼ占領下に置くと、日本はドイツとの関係を深めようとし、イタリアを加えた軍事同盟、**日独伊三国同盟**を結ぶ。この３つの国は後に**枢軸国**と呼ばれる。この３国に共通しているのは、イギリスやフランスなどにくらべて国内の統一が遅れ、世界の植民地争いに出遅れた国だということだ。

世界一の大国となっているアメリカはイギリス側について戦争に参加する。枢軸国と戦っている中国、ソ連への支援もおこなう。

こうして**枢軸国 対 連合国の戦いへと拡大していく**んだ。

太平洋戦争

日本は中国との戦争を続けているんだけど、アメリカとイギリスは中国を援助しているので、当然日本とアメリカ、イギリスとの関係は悪くなっていく。そして日本は石油や鉄など、戦争で大量に必要になる物資のほとんどをアメリカから輸入していたから、アメリカとの関係悪化は大問題だ。

そこで、日本は資源を確保するために、フランスやオランダが東南アジアに持っている植民地を奪って、勢力を南に拡大しようと考える。南に軍を進めると北が手薄になるので、それに備えて1941年にソ連との間で**日ソ中立条約**を結ぶ。日本とソ連はお互い攻撃しないという取り決めだね。

日本は「欧米の植民地となっているアジア諸国を解放し、アジアの諸民族で栄えよう」という意味の「**大東亜共栄圏**」というスローガンのもと、フランス領インドシナを占領する。

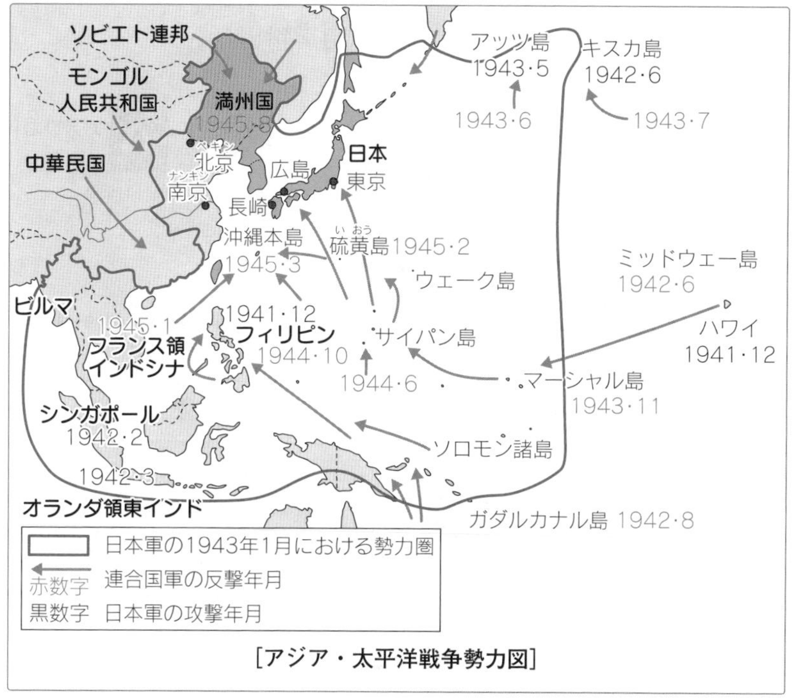

［アジア・太平洋戦争勢力図］

これに対して、アメリカは日本への石油や物資の輸出をストップし、中国やインドシナ半島から軍を引くことを強く迫る。日本政府はアメリカと交渉をするんだけど、話し合いは進まない。軍部は「今持っている石油がなくなる前に、南方の資源を確保するべきだ」と主張する。日本がアメリカと戦争するには、国力の差があまりにも違いすぎるものの、陸軍大将の**東条英機**が首相になると、強気の方針をとる。

1941年12月8日、日本陸軍はイギリス領マレー半島へ上陸する。海軍はハワイの真珠湾にあるアメリカ軍基地を奇襲攻撃する。そして、日本はアメリカ・イギリスに宣戦して第二次世界大戦における、**アジア太平洋戦争**（**太平洋戦争**）が始まる。

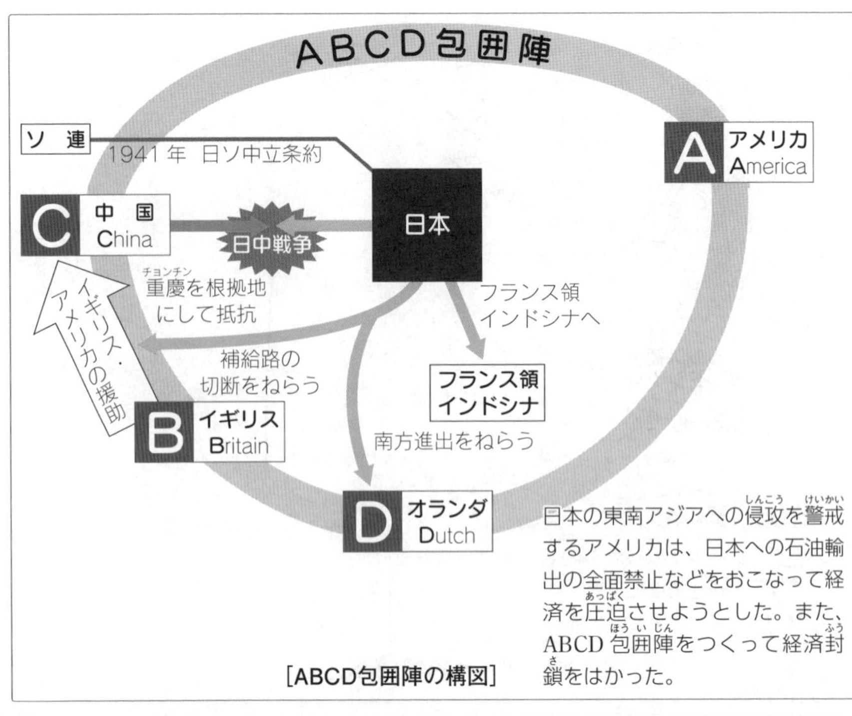

[ABCD包囲陣の構図]

ゴロあわせ **真珠湾攻撃**
「行くよ、一気(1941)に、真珠湾攻撃」

日本が宣戦して開戦すると、ドイツ、イタリアもアメリカに宣戦し、ヨーロッパとアジア・太平洋地域で世界の主要国が２つにわかれて大規模な戦争をくり広げることになるんだ。

近代の戦争

1894年 **日清戦争**〈勝ち〉
↓(10年後)
1904年 **日露戦争**〈勝ち〉
↓(10年後)
1914年 **第一次世界大戦**〈勝ち〉
↓
1937年 **日中戦争**〈勝負つかず〉
↓
1945年 **第二次世界大戦**〈負け〉

戦争の終結

アメリカが参戦すると、ヨーロッパでの戦いは連合国側が一気に優勢になる。

1943年、ソ連は領土内のドイツ軍を降伏させると、ドイツに進軍する。そして連合国軍はイタリアを降伏させ、パリをドイツ軍から解放する。ドイツは東からソ連軍、西からアメリカ・イギリス軍の攻撃を受け、1945年4月にヒトラーが自殺すると、翌月には無条件降伏をする。

いっぽう、日本軍はアジア・太平洋地域でどんどん勢力を広げ、東南アジアの諸地域から連合国軍を追い出すことに成功していく。その背景には、連合国はヨーロッパでの戦争に力を入れていて、アジア・太平洋地域は後まわしにしていたという理由がある。

ところが、日本の開戦から半年後の1942年6月、ミッドウェー海戦で日本軍が大負けすると、連合国軍の本気の反撃が始まる。日本が占領した南方の各地で、日本軍は全滅させられる。

1943年になると、労働力が不足して、中学生や女学生までが、**勤労動員**といって働きに出される。そのほか、理科系や教員養成系以外の大学生・専門学校生も戦争に送り出される。**学徒出陣**というよ。

1944年に日本が占領していたサイパン島がアメリカ軍によって奪われると、そこから飛び立つアメリカ軍の爆撃機が、日本本土への本格的な空襲を始め、日本全国の100近い都市が焼け野原になった。

1945年3月の東京大空襲では10万人以上の命が奪われ、3月に沖縄に攻め入ったアメリカ軍によって、当時の沖縄県の人口4分の1にあたる12万人以上が犠牲となる。

[学童疎開の様子]
空襲をさけるため、約 40 万人の子どもたちが親もとを離れて、地方に移動して集団生活をした。

同年7月にアメリカ・イギリス・中国は日本に対して無条件降伏を求める**ポツダム宣言**を発表する。日本はこれを無視する。

アメリカ軍は8月になると、6日に**広島**、9日に**長崎**に新型爆弾である**原子爆弾**（原爆）を投下する。この爆弾によって、被爆後の死者を含めると死傷者は広島は20万人以上、長崎は14万人以上にも及んで、街は廃墟になってしまう。

そしてこの間に、ソ連が日ソ中立条約を無視して日本に宣戦布告する。ソ連軍は日本が占領している中国東北部、朝鮮北部、千島・樺太南部に攻め込んでくる。

そして、ついに日本政府は無条件降伏を決断することになる。

8月14日、ポツダム宣言を受け入れ、翌15日に昭和天皇がラジオ放送で国民に敗戦を発表する。こうして第二次世界大戦が終わり、日本が占領した東南アジア諸国や朝鮮、台湾などの植民地は解放されて、独立へ向かう。

[原子爆弾が投下された際のきのこ雲]

ポイント整理

第二次世界大戦のポイント

- ドイツ、イタリアとの軍事同盟**日独伊三国同盟**を結び**枢軸国**となる
- 「**大東亜共栄圏**」を掲げ真珠湾を攻撃、**アジア太平洋戦争**を始める
- **広島**、**長崎**に**原子爆弾**が投下され、無条件降伏、**ポツダム宣言**を受諾

第5部

現代の日本と世界

第13章

昭和戦後〜令和

第13章 昭和戦後〜令和

いよいよ現在につながる最後の章だ。日本は、アメリカの占領下で「戦争をしない国」「国民が中心となって政治を進める国」へと改革を求められる。ところが、アメリカを中心とする資本主義国家グループと、ソ連を中心とする共産主義国家グループが対立しはじめると、アメリカは日本の扱いを大きく変える。占領統治から解放して、ソ連に対抗させるために軍備を増強させるんだ。

昭和中期に入ると日本は好景気が続き、高度成長が始まって、アメリカに次ぐ経済大国へと奇跡の成長を遂げる。とくに株価と地価が急上昇する「バブル経済」は、昭和から平成になる1990年代まで続くよ。

フローチャート 昭和（戦後）時代の区分

昭和時代（終戦直後）

- 日本国憲法の公布・施行
- GHQによる日本の非軍事化、民主化

昭和時代（冷戦）

- 朝鮮戦争、アメリカによる日本の再軍備化
- 55年体制、高度経済成長のはじまり

朝鮮戦争「前」＝日本の非軍事化
朝鮮戦争「後」＝日本の再軍備化

朝鮮戦争のビフォー・アフターで、アメリカ（GHQ）の日本への方針が180度変わるよ。アメリカは最初、危険な日本を平和な国にしようとしていた。ところが、冷戦になると、日本にまた軍事力を持たせる。日本をアメリカの子分にして、共産主義国側に対抗しようとするわけだ。

テーマ41 占領と日本の民主化

連合国軍の占領

1945年9月、敗戦によって、日本はアメリカ軍を中心とする連合国軍に占領される。そしてポツダム宣言によって、日本の領土は本州・北海道・四国・九州とその付近の島々にかぎられ、台湾や朝鮮などの領土を放棄させられる。

[厚木飛行場に降り立ったマッカーサー]

マッカーサーを最高司令官とする**連合国軍最高司令官総司令部（GHQ）**が東京に設置され、沖縄・奄美・小笠原諸島は本土から切り離されて、アメリカが統治することになるんだ。

GHQの日本に対する方針は「**戦前の軍国主義を改め、二度と戦争を起こさない国に変える**」というものだ。したがって、軍隊や軍国主義の団体は解散させられ、戦争を指導した責任者たちは戦争犯罪人として**極東国際軍事裁判**にかけられ、東条英機たち7名が絞首刑となる。いっぽう、神とされてきた天皇は起訴はされず、GHQによって「自分は神の子孫ではない」とする宣言をさせられる。昭和天皇の人間宣言というよ。

また、戦争協力者は公務員や議員などの公職から追放され、共産主義者などの政治犯は釈放される。思想、言論を取り締まってきた治安維持法や特別高等警察（特高）も廃止されるなど、民主化も進められるんだ。

GHQが日本に武力を持たせないようにするのはわかるんですけれど、なぜ民主化も進めようとするのですか？

では、民主化の反対の状態を考えてみてごらん。

一部の限られた人だけが権力を持つ、ファシズムのような国。そんな体制だと、民衆が戦争に反対したくても力でおさえられ、強制的に民衆が戦争にかり出される軍国主義の国になっていく危険性が高くなるでしょ？　軍事力も経済力も世界一の大国となったアメリカにとっては、もう戦争する必要がなく、平和な世の中のほうが都合がいいわけだ。

経済面では、日本の経済を支配して戦争に深く関係していた三井・三菱・住友などの財閥が解体される。これを**財閥解体**というよ。同時に、利益を独占するのを防ぐために**独占禁止法**が制定される。

労働面では、**労働組合法**が制定され、労働者の団結権や団体で交渉する権利が認められる。**労働基準法**も定められて、現在にもつながる8時間労働制や、男女に同じ賃金を支払う制度などが決められるよ。

農村ではそれまでの地主と小作人の関係を改める**農地改革**がおこなわれる。

地主はある一定の面積以上の農地を持つことが禁止され、それ以外の農地は国が買い取って、農地を持たない小作農に安く売り渡すようにする。自分の農地を持つことができた農家、自作農は生産する意欲が高まって、農業生産が向上していくんだ。同時に、地主が農村を支配する力がおとろえていく。

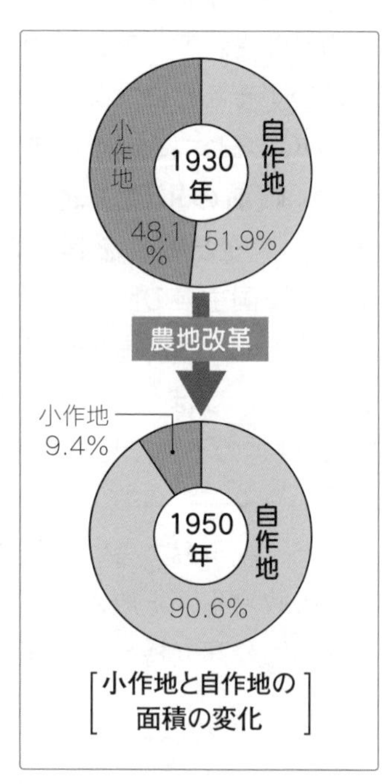

小作地と自作地の面積の変化

また、選挙法も改正されて、女性にはじめて参政権が認められ、**性別にかかわらず満20歳以上の人びとはすべて選挙権を持てるようになる**よ（ちなみに、2016年からは満18歳以上という条件に変わった）。

日本国憲法の制定

日本を軍国主義の国から、民主的な国にするのには、非軍事化と並ぶ重要な柱がある。それは、憲法の改正だ。そこで1945年10月に総司令部は、大日本帝国憲法の改正を政府に指示する。これを受けて、日本政府は新たな憲法案をつくって総司令部に提出する。

ところが、この案は天皇に統治権があるなど「これでは、今までの憲法と変わらない！」ということで、総司令部は独自で改正案をつくって、政府に示す。

政府は総司令部の改正案をもとに政府案をつくって、女性も参加した戦後初の選挙で成立した国会がこれを審議して可決する。こうして、大日本帝国憲法から大きく民主的になった**日本国憲法**がつくられる。

1946年11月3日に公布され、ちょうど半年後の1947年5月3日から施行される。この憲法は、民間人の改革的な意見も反映されていることもあって、国民の多くが支持するよ。

えーと、「公布」は発表する、「施行」は実施するという理解でいいんでしょうか？

うん、そのとおり。決まりをつくることが「制定」で、その決まりを「公布」＝「発表」することで、国民がその内容を知る。その後、その決まりが「施行」されることで、その決まりが力を持つんだ。

ちなみに公布された11月3日は文化の日で、施行された5月3日は憲法記念日として祝日になっているよね。

日本国憲法では、**国民主権**、**基本的人権の尊重**、**平和主義**の３つを原則としていて、天皇は日本という国、そして日本国民統合の**象徴**として位置づけられる。

また、過去の戦争の反省から、憲法の９条に**戦争の放棄**を定めたこともおぼえておこう。

教育の民主化

戦後、アメリカの占領下において多くのことが180度変わっていくんだけど、教育も大きく変わる。

まず、教育勅語を基本とする国家主義、軍国主義教育が廃止される。「兵タイ　ゴッコ」「ボクラハ　ツヨイ」など、軍国主義的な表現を墨で消された教科書が使われるんだ。

1947年には**教育基本法**が制定され、「一人ひとりを大切にし、平和で民主的な社会をつくれる人間」を育てることをめざす。「戦争に強い国にするため、個人的な考えを捨てて、国のためにつくすべき」という戦前の教育とは、正反対だよね。

教育制度は現在と同じ6・3・3・4制をとり、義務教育は男女共学で、小学校６年と、新しくできた中学校３年となり、それまでの６年間から９年間に延長される。今と違うのは、戦後の家庭の貧しさや病気などの理由から小中学校に通えない児童も多かった、という点だよ。

教科書は国が全国の学校に一律に配布する国定制度をやめて、民間の会社がつくったものを国が審査して発行する検定制度に変える。国が教科書をつくると戦前のように、戦争をよいものとする教育の方向に向かう危険があると考えられたわけだ。

また、地方ごとの実情に合う教育をおこなうために、都道府県や市町村に教育委員会が置かれる。教育委員はその地域の住民が直接選挙で選ぶしくみがつくられるよ。

占領と日本の民主化のポイント

- 最高司令官**マッカーサー**、**連合国軍最高司令官総司令部**（ＧＨＱ）に占領される
- **国民主権**、**基本的人権の尊重**、**平和主義**にもとづく**日本国憲法**が制定
- **教育基本法**が制定され、教育制度が６・３・３・４制になる

2つにわかれる世界

国際連合の成立

第二次世界大戦では人類史上最大の破壊がおこなわれ、世界各国が世界中で虐殺行為をおこなった。

そんな第二次世界大戦の反省をもとに、連合国側は世界平和を守るための組織づくりを進めていた。1945年10月に、51の国が参加して**国際連合**（国連）が設けられるよ。

あれ、国際連盟という組織もありましたよね？　国際連合は国際連盟とはまた別の組織ですか？

うん、この２つの組織、名前は似ているけれど、別ものだ。

第一次世界大戦後に、アメリカ大統領ウィルソンの提案でつくられたものの、結局アメリカは加入しなかったのが国際連盟。第二次世界大戦後にそれを引きついだのが国際連合だよ。

国際連盟と国際連合の、いちばん大きな違いは、軍隊があるかどうか。**国際連盟は軍隊がなかったけれど、国際連合は軍隊を持っている。**だから、世界平和を乱そうとする国が出てきたら、「軍隊を派遣するぞ！」というように影響力を働かせることができるんだ。

国際連合の本部はニューヨークに置かれ、アメリカ・ソ連・イギリス・フランス・中国の５大国が**安全保障理事会**の**常任理事国**として、世界の平和と安全に大きな責任と権限を持つようになる。この５か国の共通点は何だかわかるかな？　それは第二次世界大戦に勝った国ということだ。

冷戦のはじまり

第二次世界大戦後、ヨーロッパの各地で占領地の管理をめぐって、資本主義国（西側諸国）のリーダーであるアメリカと、共産主義国（東側諸国）のリーダーであるソ連が対立しはじめる。

アメリカやイギリス、フランスは、もともとソ連とは対立する主義を持つ国だったけれど、ドイツや日本と戦うために連合軍として同じ側に立って戦争していただけなんだ。戦争が終わって協力する理由がなくなれば、対立が表面化するのは、まあ当然といえるよね。

1949年、アメリカはカナダや西ヨーロッパ諸国との間に**北大西洋条約機構（NATO）**という軍事同盟をつくり、共産主義勢力の封じこめ策をとる。これに対して、ソ連は1955年に東ヨーロッパ諸国で**ワルシャワ条約機構**という軍事同盟をつくって対抗する。

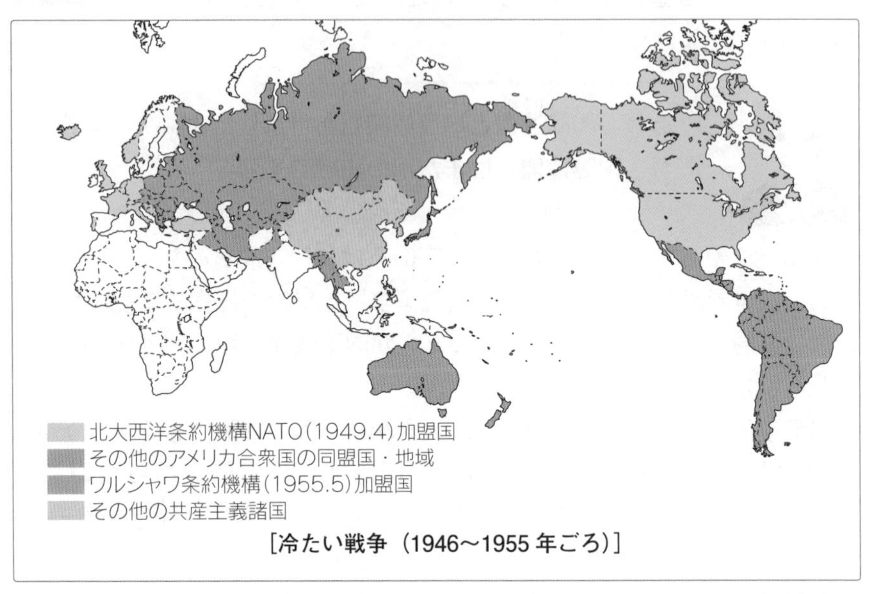

[冷たい戦争（1946～1955年ごろ）]

こうして、世界は**アメリカを中心とする西側陣営の資本主義国家グループと、ソ連を中心とする東側陣営の共産主義国家グループの2つにわかれて**対立を深めていくんだ。この対立は互いに武力で攻撃しない状態が続くので、「**冷たい戦争**」とか「**冷戦**」と呼ばれるよ。

ところで、長い間欧米諸国の植民地にされてきたアジアの各地では、独立運動が盛り上がっていく。インド、パキスタン、インドネシア、フィリピンなどが独立するよ。

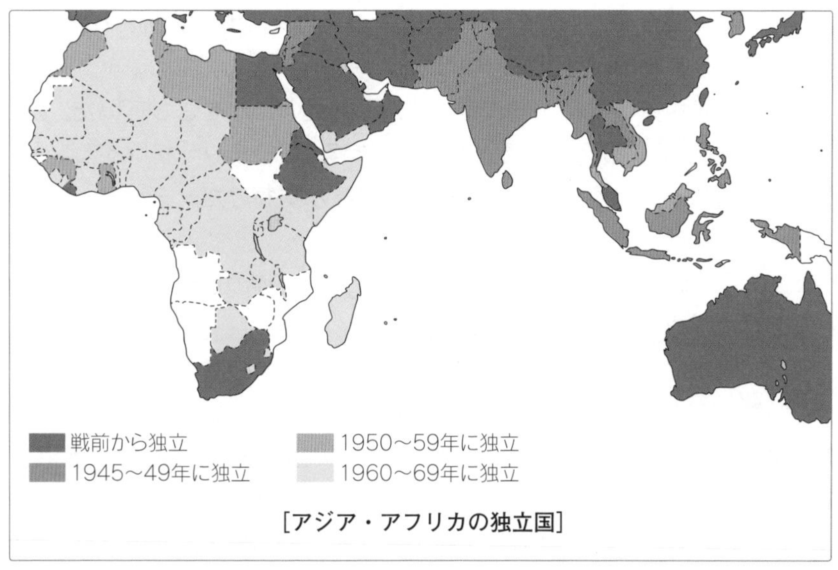

[アジア・アフリカの独立国]

ベトナムも独立を宣言するものの、フランスが認めず、国際連合の安全保障理事会の常任理事国が２つに割れて、ベトナムとフランスをそれぞれ応援して、長期化する**インドシナ戦争**が続く。

朝鮮もまた終戦と同時に日本の植民地支配から解放されたんだけど、北緯38度線を境にして南をアメリカ軍、北をソ連軍が占領するという事態になる。1948年になると、南に**大韓民国**（**韓国**）、北に**朝鮮民主主義人民共和国**（**北朝鮮**）が成立してしまうんだ。

中国は、日本軍と戦うために一時的に手を組んでいた国民党と共産党が内戦を再開すると、毛沢東が率いる共産党が、アメリカが支援する国民党軍を破って勝利する。

1949年、毛沢東は北京で**中華人民共和国**の建国を宣言し、共産主義政策を進める。いっぽう、敗れた国民党政府は台湾に逃れる。

占領政策の転換

冷戦の対立が激しくなると、アメリカは日本を共産主義に対抗する資本主義国にしようと、それまでの占領政策を方向転換していく。

1948年、総司令部は公務員のストライキ計画を中止させ、1950年には公務員や民間企業において、共産党員やその支持者と判断された1万人をこえる人びとを退職させるという**レッドパージ**をおこなう。

共産党の旗が赤いことから、「赤」は共産党員のことをさしていた。だから「レッド」に、「粛清（しゅくせい）」するとか「一掃（いっそう）する」、つまり「排除する」という意味の「パージ」で「レッドパージ」と呼んだわけだ。

いっぽう、戦争犯罪者たちは釈放（しゃくほう）され、公職（こうしょく）を辞（や）めさせられていた旧軍人の復帰が認められることになる。

そして同年の1950年、対立した韓国（かんこく）と北朝鮮（きたちょうせん）との間で戦争が始まる。この**朝鮮戦争（ちょうせんせんそう）**に対して、国際連合（こくさいれんごう）の安全保障理事会（あんぜんほしょうりじかい）はソ連が欠席したままで北朝鮮を侵略（しんりゃく）者と位置づけ、アメリカ軍を中心とする国連軍を派遣（はけん）、韓国の味方をする。逆にソ連と中華人民共和国（ちゅうかじんみんきょうわこく）は北朝鮮に味方する。

韓国と北朝鮮はそれぞれ資本主義国と共産主義国の大国をバックにつけて激しく戦うことになる。

[朝鮮戦争]

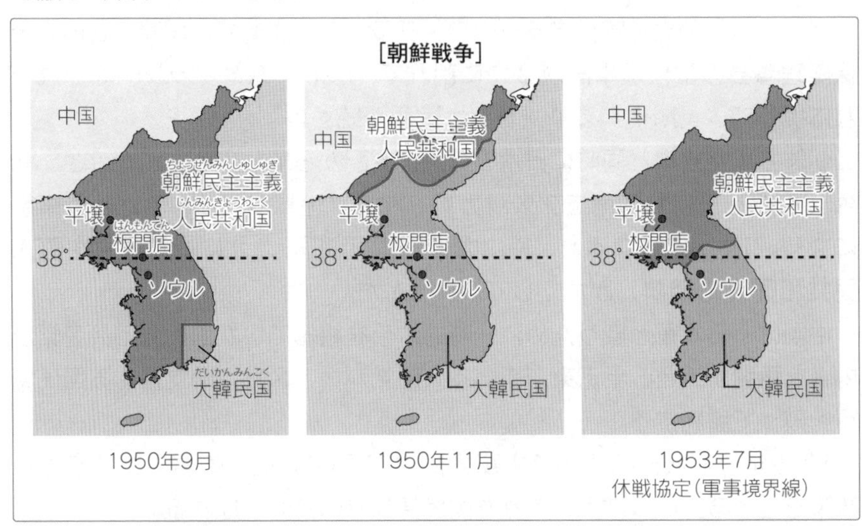

ゴロあわせ

朝鮮戦争
「行くぜ、GO！（1950）、朝鮮戦争」

この朝鮮戦争の間、アメリカ軍は戦争に必要な物資の生産や修理、輸送の注文を日本に頻発（ひんぱつ）したことで、日本経済は一気に上向く。**特需（とくじゅ）（特殊需要（とくしゅじゅよう））景気（けいき）**と呼ばれる好景気になる。これは戦後の復興（ふっこう）を早める役割を果たすよ。

これまで、**アメリカは占領した日本の非軍事化と民主化を進めてきたわけだけれど、朝鮮戦争の影響から日本にも軍事力を持たせる方針へと転換**する。戦後の占領政策とはまるで逆だよね。

まず、日本政府に警察力の強化を求め、警察予備隊をつくらせる。これが、のちに自衛隊になる。

[吉田茂首相のサンフランシスコ平和条約調印]

そして、アメリカは1951年にサンフランシスコで講和会議を開き、日本は48か国との間で**サンフランシスコ平和条約**に調印する。この条約で日本は朝鮮の独立を承認して、台湾・千島列島・南樺太などを放棄、沖縄・奄美・小笠原諸島を引き続きアメリカ軍の管理下に置くことに同意する。こうして日本は連合国軍の占領から解放されたわけだ。

アメリカは、国際社会で日本の立場を回復させるために動いてくれたんですね。

その一面もあるんだけど、アメリカのねらいは、この平和条約と同じ日の午後に日本に結ばせた、**日米安全保障条約**にあったんだ。

吉田茂内閣が結んだこの条約によって、アメリカは引き続き日本に軍を置き続け、日本国内にある基地を自由に使用することが認められる。「日本の安全をアメリカが守る」、ということだけど、アメリカの本音は朝鮮に近い日本に軍隊を置くことで戦争に備えたいというものだ。

この安全保障条約、いわゆる安保条約によって、「戦争に巻きこまれてはたまらない！」という国内の反対運動がものすごい盛り上がりを見せることになる。「アメリカに頼り過ぎだ！」という声におされ、吉田内閣は退陣に追いこまれ、新たに日本民主党が政権をとるんだ。

さらにアメリカは、日本に軍事力を増強することを求める。日本は警察予備隊を保安隊にパワーアップさせ、さらに1954年には現在の陸・海・空からなる**自衛隊**となる。

ソ連は、講和会議での平和条約に調印しなかったので、日本固有の領土である歯舞群島、色丹島、国後島、択捉島は日本に返還されないで、ソ連の解体後、ロシア連邦との交渉を現在でも続けているよ。これを**北方領土**問題という。

[国会を取り囲むデモ隊]

平和運動の展開

日本では、サンフランシスコ平和条約と日米安全保障条約を結んだ後、憲法の改正や、軍事力を再び増強することについて、賛成派と反対派の意見が激しくぶつかるようになる。

1955年、2つにわかれていた**日本社会党**が憲法改正に反対する立場から統一される。これに対して、自由党と日本民主党がいっしょになり、**自由民主党**（**自民党**）が結成される。**憲法改正や防衛力の増強をスローガン**としてかかげる。初代総裁には鳩山一郎が就任する。こうして2つの大きな政党を軸に、この後40年にもわたって自民党の長期政権が続く。

このように**自由民主党が、野党第一党の日本社会党と対立しながら政権をとり続ける体制が1955年から始まるので55年体制**というよ。

その後、鳩山内閣は講和条約を結んでいなかったソ連との国交回復の交渉を進める。その結果、ソ連と日ソ共同宣言を出して国交が回復する。日本の加盟に反対していた常任理事国であるソ連の態度が変わって、日本は国際連合への加盟が実現する。日本も国際社会に復帰できたわけだ。

いっぽう、国民には、政府による防衛力増強の動きに対して「また日本が戦争に向かっているのでは？」という危機感が高まり、戦争放棄をかかげる日本国憲法を守り、再軍備に反対する平和運動が起きる。

とくに、アメリカの基地が多い沖縄では、アメリカ軍が沖縄各地の土地を使用することに対して反基地闘争がおこなわれるよ。

また、冷戦の対立が深まるとともに、アメリカ、ソ連を中心に軍事力の増強が競っておこなわれるようになる。とくに、原子爆弾などの実験や開発がさかんにくり返される。

そしてついに1954年、アメリカの水爆実験によって、日本の漁船が被爆するという**第五福竜丸事件**が起こる。ちなみに水爆とは、原子爆弾の数百から数千倍の威力を持つ水素爆弾のことだ。

この事件をきっかけにして、原水爆禁止を求める署名運動が全国各地で起こる。そしてこれが世界の人びとに支持され、翌年の1955年に、広島市で第1回**原水爆禁止世界大会**が開かれる。

1960年になると、アメリカとの間で**日米新安全保障条約**が結ばれる。「新」安全保障条約では、**日本、アメリカのどちらかが外国から攻撃されたとき、日本にいるアメリカ軍と自衛隊が共同して行動すること**が決められた。これでは、冷戦で対立が深まっているソ連や中国がアメリカと戦争を始めたら、アメリカよりもソ連と中国に近い日本が攻撃の的になってしまう危険が大きいわけだね。

自民党政府は社会党議員をしめ出して、強引にこの条約を決定したため、社会党や労働組合などを中心に、反対運動が激しく盛り上がるんだ。これを**安保闘争**という。条約はそれでも成立するんだけど、岸信介内閣は総辞職に追いこまれる。

2つにわかれる世界のポイント

- **国際連合**が成立、5か国が**安全保障理事会**の**常任理事国**になる
- **北大西洋条約機構(NATO)**と**ワルシャワ条約機構**が「冷戦」へ
- 吉田茂内閣が**サンフランシスコ平和条約**と**日米安全保障条約**に調印
- 与党の**自由民主党**が野党の**日本社会党**と対立、**55年体制**開始

テーマ

43 冷戦下の世界と日本の経済成長

冷戦下の世界

ドイツもまた敗戦により、日本と同じように連合国軍に占領される。

アメリカやイギリスなどの占領地域は資本主義をかかげる西ドイツとなり、ソ連の占領地域は共産主義をかかげる東ドイツとなる。ひとつの国が、占領する国の主義の違いから、東西に2つに分断されてしまったわけだ。

やがて、東ドイツから西ドイツへ移動する人があまりに多いため、東ドイツは、西側からの攻撃を防ぐという建て前で、東西の交通を遮断する。1961年、**ベルリンの壁**が築かれる。

［ベルリンの壁］
1990年、東西ドイツが再統一されるまで、ドイツ分断、冷戦の象徴となった。

翌1962年にはソ連がキューバに軍事基地を建設し、ミサイルを持ち込もうとする計画がアメリカに知られることになる。アメリカとソ連の間に核戦争の危機が高まっていくなか、ソ連がミサイルの撤去を発表。核による第三次世界大戦の危機はぎりぎりのところで回避される。これを**キューバ危機**というよ。

インドシナ戦争が続いているベトナムでは、アメリカが支援する南ベトナムの政府勢力と、ソ連と中国の援助を受ける北ベトナムの南ベトナム解放民族戦線との間で内戦がおこる。

1965年にアメリカ軍が北ベトナムへの爆撃を開始すると、**ベトナム戦争**に発展。激しい戦争となる。戦争は長期化して1973年、アメリカはベトナムから撤退する。1976年に南北は統一されて、ベトナム社会主義共和国が成立する。

冷戦が続くなか、植民地支配から独立したアジア・アフリカの国ぐにが中心になって、世界平和の実現をめざす動きも高まるよ。

1955年に、アジア・アフリカ会議がインドネシアで開かれると、反植民地主義、平和共存などをかかげる「平和十原則」が採用される。会議に集まった国ぐにはアメリカ、ソ連、どちらのグループにも入らない**第三世界**として、国際社会に影響を与えていくよ。

[毛沢東]

中国は、農業を集団化し、工業生産を増大させ、中国独自の共産主義の道を歩みはじめる。そして1964年には核実験を成功させ、核保有国となる。1966年になると、**毛沢東**の指導によって、国民の思想改革をめざす**文化大革命**が始まる。この革命活動によって、資本主義的だとされた人びとが大勢殺害、逮捕され、約10年にわたって社会が大混乱におちいる。

西アジアのパレスチナでは、第一次世界大戦以降、この地に自分たちの国をつくろうとしていたユダヤ人に対して、アラブ人が強く反発していた。

1948年、国際連合のパレスチナ分割案にもとづいて、ユダヤ人の国、**イスラエル**が建国される。しかし、周辺のアラブ諸国はこれを認めず、以後、イスラエルとの間で4回にもわたる中東戦争がおこる。

1973年の第４次中東戦争では、アラブで原油を産出する国が、イスラエルを支持するアメリカなどへ原油輸出を減らすと同時に、思い切り価格を上げ、世界各国の経済は**石油危機**（オイルショック）と呼ばれる大打撃を受ける。

日本の高度経済成長

朝鮮戦争による特需景気をきっかけに、日本は重工業に化学をくわえた重化学工業を中心とする経済発展政策を進める。

日本は**技術革新**によって、工場は自動化され、エネルギー革命によって火力発電の燃料も石炭から石油に変わる。そして、鉄鋼、造船、自動車、電気製品、石油化学など、多くの分野の産業がすごい勢いで発展していくんだ。

1964年には**オリンピック東京大会**が開かれ、それにあわせて東海道新幹線が開通し、高速道路などの整備も進む。家庭に白黒テレビや洗濯機、冷蔵庫などの電化製品が広がりはじめるのもこのころだよ。

マスコミも発達して、**テレビ放送**や週刊誌が普及すると、手塚治虫の『鉄腕アトム』などのアニメや漫画が楽しまれるようになる。こうして日本は高い経済成長を続け、**高度経済成長**と呼ばれるようになる。

1968年には国民総生産（GNP）が資本主義国では、アメリカに次ぐ世界第2位となる。20年ちょっと前は連合国軍の爆撃によって、どこも焼け野原だらけになっていた日本の、まさに奇跡の復活ストーリーだ。

そのいっぽうで経済の急成長は多くの社会問題も引きおこす。農山村から都市に、若者を中心に多くの人が移動し、農山村では人口が減って**過疎化**が進み、逆に都市では人口が増えて**過密化**する。交通渋滞や騒音、住宅難などの都市問題も起こる。

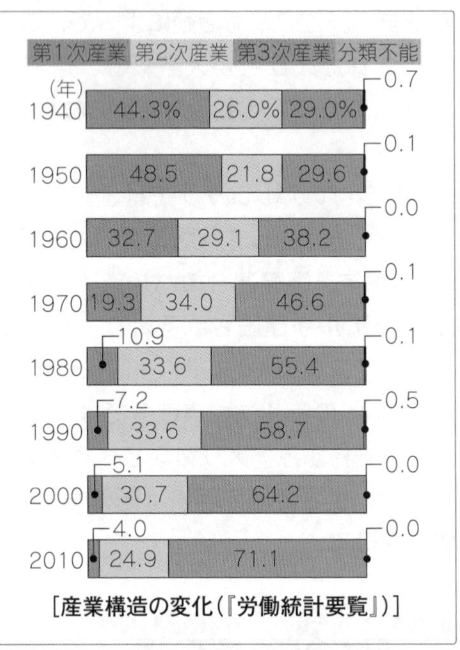

[産業構造の変化(『労働統計要覧』)]

さらに、工業発展を優先しすぎて、日本各地に**公害**と自然破壊が起こる。なかでも水俣病、四日市ぜんそく、イタイイタイ病などの**公害病**が多発し、住民運動や被害者、住民から多くの公害裁判がおこなわれる。政府は遅れながらも**公害対策基本法**の制定や**環境庁**（現在の環境省）を設置、公害と環境問題の対策を始める。

1955年から続いた高度経済成長は、第４次中東戦争による石油危機によって終わり、翌年には戦後初のマイナス成長となる。エネルギー源が石炭から石油になっていたことで、石油危機による石油価格の上昇が大きく影響したからだ。

そこで、日本はできるかぎり省エネで自動車や半導体などの機械・機器を生産し、その輸出を伸ばすことで経済危機を乗り切る。こうして日本は国際競争力を強め、経済は安定成長に入る。でも、今度は日本の輸出が拡大しすぎて、アメリカや西ヨーロッパ諸国では輸入が輸出をこえる貿易赤字になり、日本との間に貿易摩擦が起きる。

また、石油危機後の世界不況をなんとかしようと、1975年に**主要国首脳会議（サミット）**が開かれ、以後毎年おこなわれるようになるよ。

沖縄の復帰と中国・朝鮮との関係

1953年に奄美諸島、1968年に小笠原諸島が日本に返還された後も、沖縄はアメリカ軍の占領下にあった。

ベトナム戦争では、沖縄の基地からアメリカ軍の爆撃機が飛んでいくこともあり、沖縄県民は戦争に組みこまれる不安から、**祖国復帰運動**が起こる。日本の佐藤栄作首相はアメリカと交渉し、1972年になってようやく沖縄はアメリカから日本に返される。しかし、アメリカ軍の基地は今でもほとんどそのまま残っていて、さまざまな事件がニュースで報道されているよね。

中華人民共和国は、1971年の国連総会で国民党政府（台湾）に代わって、国際連盟での代表権を認められる。翌年にはアメリカ大統領の中国訪問に続き、日本の田中角栄首相も訪問し、**日中国交正常化**の**日中共同声明**を発表するよ。

この声明のなかで、「日本は戦争によって中国に大きな損害を与えた責任を認め、深く反省したうえで、中国は日本への賠償請求を放棄する」ことが決められる。こうして、1937年以来の日本と中国の戦争状態は公式に終わり、台湾の国民党政府との政治関係は途絶えることになる。

日ソ共同宣言は1956年、鳩山一郎首相のときに出され、ソ連との国交が回復したもの。日中共同声明は1972年田中角栄首相のときに出され、中国との国交が回復したもの。まぎらわしいから区別して理解してね。

1978年には**日中平和友好条約**が調印され、翌年にはアメリカと中国の国交も開かれる。

いっぽう、韓国との国交正常化に向けた交渉は、植民地支配に対する日本と韓国の考え方の違いから、なかなか進まなかった。

しかし、韓国に北朝鮮へ対抗するために日本との関係を改善して経済開発を進めようとする政権ができると、交渉はようやく進む。1965年に、日韓基本条約が調印される。この条約によって、日本と韓国の外交関係が成立すると、かつての植民地支配のための条約は無効だとしたうえで、日本は韓国に経済的な援助をおこなうことを約束する。

北朝鮮と日本の関係は閉ざされたままで、2002年には日本の首相がはじめて北朝鮮を訪問して日朝首脳会談がおこなわれる。

日本と北朝鮮をまじえた**六か国協議**も開かれるけど、北朝鮮は極端な独裁政治と人権無視を続け、核開発をやめず日本人の強制連行（拉致）問題の交渉は今でも進まないままだ。

冷戦下の世界と日本の経済成長のポイント

- ドイツは東西にわかれ**ベルリンの壁**ができ、中国では**毛沢東**の指導による**文化大革命**が始まる
- 1964年に**オリンピック東京大会**が開かれ、**高度経済成長**が始まる
- **日中国交正常化**の**日中共同声明**を発表し、**日中平和友好条約**に調印

冷戦の終わりと現代の日本

社会主義国の変化と冷戦の終わり

1980年代になると、ソ連の経済がピンチになる。1985年にソ連共産党のトップである書記長となった**ゴルバチョフ**は、社会主義の方針転換をし、市場経済を取り入れるなどの**ペレストロイカ**（改革）をおこなう。また、チェルノブイリでの世界最大の原子力発電所事故をきっかけに、**グラスノスチ**（情報公開）をして、政治の自由化、民主化を進めるようになるんだ。

そして、このようなソ連の動きが、東ヨーロッパの社会主義国にも影響を与える。

ハンガリーやポーランドでは1989年に自由な選挙がおこなわれて、社会主義体制が終わり、民主化に進む。冷戦のシンボルにもなっていたベルリンの壁も取り壊される。

アメリカのブッシュ大統領とソ連のゴルバチョフ書記長が、地中海のマルタ島で会談し、44年間にわたる「**冷戦の終結**」を宣言、翌1990年には、東西ドイツの統一も実現するよ。

ソ連国内でも、各共和国の独立ムードが高まっていく。1991年にソ連全体を支配してきた共産党が解散すると、ロシア連邦を中心に10以上の共和国が独立国家共同体（CIS）を結成、1922年以来70年近く続いてきたソ連が解体する。

こうして、第二次世界大戦後に始まった東西の２大グループによる冷戦が終わるんだ。

この後、東ヨーロッパでは民主化ムードがさらに広がって、チェコスロバキア、ルーマニア、ユーゴスラビアでも社会主義体制が崩れ、東ヨーロッパの社会主義圏は消滅する。これを**東欧革命**と呼ぶよ。

もうひとつの社会主義大国である中国は、10年間にわたる文化大革命によって、社会が混乱していたんだけど、1970年代末から共産党の実力者である**鄧小平**が「**四つの近代化**」（農業・工業・国防・科学技術）を進める。共産党の一党独裁政治をおこないながら、経済は資本主義的な市場経済を取り入れる。

こうした経済の改革、開放は進むものの、政治面の民主化は進めなかったことから、1989年に学生中心の民衆が天安門広場に集まって、政府に民主化を要求する。これに対して、政府は軍隊を出して民衆を攻撃、大勢の死傷者が出る事態となる。この**天安門事件**で、中国は世界から厳しく批判される。

冷戦後の世界

ソ連が解体すると、市場経済が世界中に広がり、交通機関が発達する。さらにインターネットが普及すると、人やモノ、お金が国境を越えて移動するようになっていく。このような動きをグローバル化というよ。

ヨーロッパでは1967年に、**経済的な統一と、政治的な協力を発展させるため**に、ヨーロッパ共同体（EC）が6か国で発足する。1993年には**ヨーロッパ連合（EU）**へと発展して今にいたるよ。2002年からは共同通貨ユーロの流通が始まり、EUの加盟国は2008年には28か国になる（その後、2020年1月にイギリスが脱退して現在の加盟国は27か国だよ）。

アジア・太平洋地域では1989年、日本や太平洋にある諸国のトップが貿易の拡大について話し合う、**APEC（アジア太平洋経済協力会議）**が発足するよ。

こうして世界は平和に向かっていくように見えるんだけど、冷戦の対立に代わって**地域紛争**や**テロ**が多発するようになる。

バルカン半島のユーゴスラビアでは、あいかわらず民族対立が激しく、内戦になるとNATO軍の介入を受ける。1990年から翌年にかけては石油資源をねらうイラクが隣国のクウェートに侵攻し、国連での決定を受けてアメリカ軍を中心とした多国籍軍が撃退するという**湾岸戦争**が起きる。

湾岸戦争のとき、日本は多国籍軍に多くの資金を援助するんだけれど、日本の「お金を出しても人は出さない」という姿勢が各国から批判されると、1992年に**国連平和維持活動（PKO）等協力法**を成立させ、自衛隊を海外に派遣できるようにする。

4回の中東戦争をしてきたパレスチナでは、1993年に、アメリカの仲介でイスラエルとパレスチナ解放機構（PLO）との間で協定が結ばれる。こうしてパレスチナ人の自治政府が発足するものの、その後も対立は続いている。

[アメリカ同時多発テロ]
テロリストが旅客機を乗っ取り、ニューヨークの世界貿易センタービルに突入。多くの被害者が出た。

2001年9月11日にはアメリカで大規模なテロ事件が発生する。これに対して、アメリカはテロの犯行グループがアフガニスタンに拠点をおいているとして軍事行動をおこない、2003年には、イラクが大量破壊兵器を持っているとして、国連の決定なしにイラクを攻撃し、占領する。このイラク戦争では結局大量破壊兵器が見つからず、アメリカはほかの国ぐにから批判されているよ。

中東や北アフリカの国ぐにでは、独裁政治による厳しい統制や、大き過ぎる貧富の差に、国民の不満が高まっていく。そして2011年、「アラブの春」と呼ばれる民主化運動がチュニジアから広がってチュニジアだけでなく、エジプト、リビアなどでも政権交代があい次ぐんだ。これは、それまで政治に参加できなかった人びとが、ソーシャルネットワーキングサービス（SNS）や、衛星放送などのメディアを通じて、国境をこえてつながったことも影響しているよ。

しかし、その後エジプトはそれまでの旧独裁政権が巻き返し、テロも激しくなり、現在まで国が不安定な状態が続いている。

バブル経済と55年体制の終わり

1980年代末になると日本は急激な好景気になって、企業や人びとは値上がりを信じて土地や株を買いあさるようになる。昭和から元号が**平成**に変わった1989年、日経平均株価は史上最高値となり、土地の値段も今までにないくらい上昇する。

ところが、政府や日本銀行が土地を買うお金を貸すことを規制し、貸すお金の利子（金利）を引き上げたのをきっかけにして、実態以上に大きく値上がりした地価や株価が急落する。

泡のようにふくらんだ実体のない経済が、泡のように消えてしまうことから、このことをバブル経済という。企業や銀行などの金融機関は大打撃を受け、経済は長い不況に入り、平成不況と呼ばれるよ。株価が上がっていたときに大量の株を買っていた多くの企業が倒産して、就職することがむずかしくなり、中高年の労働者を対象にした解雇（**リストラ**）も目立つようになる。

このような社会情勢のなか、1955年から長いこと政権を担当してきた自民党は、財政の立て直しや政治改革がうまくいかず、大きな汚職事件が明らかになって苦しい立場になる。そして、1993年、自民党、共産党以外の党が協力して連立内閣をつくって、55年体制が終わる。

その後、自民党が他党と組んで再び政権について、企業活動の規制を緩めたり、郵便や郵便貯金などに関わる政治（郵政事業）を民営化するなど、国際競争力を高めるための政策を進める。いっぽうで、地域経済の勢いが弱まったり、貧富の差が大きくなったり、年金問題の不安が大きくなってしまうんだ。

こうしたなか、2009年に民主党が総選挙で勝利して、政権交代が起こる。そしてその民主党連立政権も、沖縄の基地移設問題の対応などにひどい失敗をし続けて、期待した多くの国民の期待を裏切る。けっきょく2012年の総選挙で、政権はまた自民党にもどるよ。

また、日本では寿命が延び、結婚する年齢が高くなり、**少子高齢化**が進んでいく。この傾向は農山村だけでなく、地方都市でも見られ、人口が減り、高齢者の割合が増えているのが問題になっている。

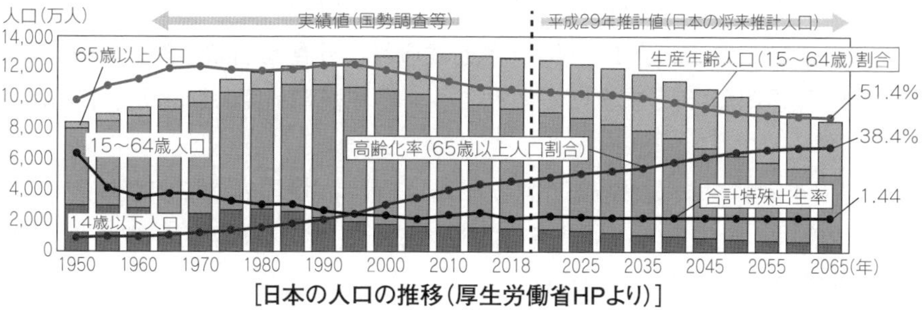

[日本の人口の推移(厚生労働省HPより)]

IT機器の広がりとともに、人びとの働き方も変化し、1990年代後半からは、派遣労働者やパートタイマーなど、非正規雇用の労働者も増えている。

また、今までは就職や昇進において性別を理由にした差別があったんだけれど、それを禁止する法律が制定されたり、育児や介護を男女がともに分担する環境が整えられたりするなど、女性の社会進出も進んでいく。

このような変化のなかで、家族のあり方や、生活のスタイルも一人ひとり個性的になり、多様化している。

1995年1月、兵庫県南部を中心に、阪神・淡路大震災が発生して、死者6400人をこえる大きな被害をもたらす。3月には、東京の地下鉄でサリンという猛毒がまかれ、このしわざが、数かずの重大犯罪をおこなっている宗教団体によるものだということが明らかになって、社会に衝撃と不安を与える。

2011年3月には**東日本大震災**が発生し、地震と津波で死者・行方不明者が約1万9000人も出てしまう。同時に原子力発電所が損壊したことで、大量の放射性物質が外部に漏れるという事故が起こる。

こうしたこともきっかけに、人びとの助け合い、災害の復旧や社会福祉のボランティア活動、NPO（非営利組織）によるさまざまなサービスの提供もさかんになっていく。

現代の日本

2019年4月1日、新元号の「令和」が発表され、同年5月1日から使用される。「令和」という元号は、奈良時代の歌集『万葉集』からとったものだ。

10月には消費税率が10%に引き上げられ、外食と酒類を除いた飲食料品などの税率は8%のままにするという「軽減税率制度」が導入される。

2020年2月には、**新型コロナウイルス感染症**が国内外に広がりはじめる。政府は、全国の学校に一斉の臨時休校を要請するものの、ウイルスの感染者は急速に広がっていく。

市場ではマスクが買い占められて品切れになる。インターネットからのデマが広がって、トイレットペーパーの買い占めもおこなわれるんだ。1973年に石油危機の影響で物価が上がったときもトイレットペーパーを買い求める大勢の人で店が混乱したけれど、50年近く経っても人の行動は変わらないみたいだね。

4月には政府から**緊急事態宣言**が出され、不要不急の外出を控えるよう要請される。家で仕事をするリモートワークやオンライン授業が広がるよ。

世界は温暖化によって深刻な自然災害が発生しやすくなり、グローバル化によって、一国で発生したウイルスが急速に世界中に広がるという事態になる。

情報化、テクノロジーの技術、**AI（人工知能）**の発達によって、それまでできなかったことが、簡単にできるようになっていくものの、人びとの生活は今のところ安定に向かっているとはいえない。これからの歴史がどうなっていくかは、世界の人びとがどれだけ知恵を出し合い、協力し合っていけるかにかかっている。

冷戦の終わりと現代の日本のポイント

- 冷戦終結後、東西ドイツ統一、共産党が解散しソ連も解体する
- 中国では**鄧小平**が「**四つの近代化**」を進めるが、**天安門事件**が起きる
- **湾岸戦争**をきっかけに**国連平和維持活動（PKO）等協力法**が成立する

さくいん

き

く

け

こ

さ

し

す

せ

そ

つ

て

と

な

に

ね

の

は

へ

ほ

ま

み

む

め

も

や

ゆ

よ

[写真リスト]

西村 創（にしむら はじめ）
早稲田アカデミー、駿台、河合塾Wings等で指導歴約25年、国内外の指導生徒3,000人超。
大学入学と同時に塾講師を始め、新卒入社の早稲田アカデミーでは入社初年度に生徒授業満足度全講師中１位に輝く。その後、駿台シンガポール校講師を経て、当時初の20代校長として香港校校長を務め、過去最高の合格実績を出す。河合塾Wingsでは講師、エリアマネージャー、教室長、講師研修などを10年以上務める。
また、オンライン生活情報サイト「All About」の教育・受験ガイド、マイナビが運営する中学受験情報webメディア「中学受験ナビ」の記事監修、全国の学校講演や書籍執筆など活動中。テレビ・新聞・雑誌などのメディア出演、掲載多数。
著書に、『子どもを勉強好きにする20の方法』（WAVE出版）、『１分あれば中学生のやる気は引き出せる！』『超短編小説で学ぶ日本の歴史 54字の物語史』（PHP研究所）、『高校入試 塾で教わる 小論文・作文の書き方』『改訂版　中学公民が面白いほどわかる本』『中学社会の点数が面白いほどとれる一問一答』（KADOKAWA）等がある。「にしむら先生　受験指導専門家」としてYouTube配信中。
【Twitter：@Nishimura84x】

改訂版　中学歴史が面白いほどわかる本

2021年１月29日　初版発行
2024年９月10日　８版発行

著者／西村 創

発行者／山下 直久

発行／株式会社KADOKAWA
〒102-8177　東京都千代田区富士見2-13-3
電話 0570-002-301（ナビダイヤル）

印刷所／株式会社加藤文明社印刷所

●お問い合わせ
https://www.kadokawa.co.jp/（「お問い合わせ」へお進みください）
※内容によっては、お答えできない場合があります。
※サポートは日本国内のみとさせていただきます。
※Japanese text only

定価はカバーに表示してあります。

ISBN 978-4-04-604774-8　C6037